Karin Babbe (Hrsg.)

WIND UNTER DEN FLÜGELN

Ein Theaterbuch für Kindergarten, Grundschule und Hort

verlag das netz

Weimar · Berlin

Bitte richten Sie Ihre Wünsche, Kritiken und Fragen an:
verlag das netz
Redaktion Betrifft KINDER
Kreuzstr. 4
13187 Berlin
Telefon: +49 30.48 09 65 36
Telefax: +49 30.48 15 686
eMail: evagrueber@verlagdasnetz.de

ISBN 978-3-86892-005-5

Lektorat: Erika Berthold
Gestaltung: Jens Klennert, Tania Miguez
Fotos: Wilhelm Holthus
Druck: COLOR-DRUCK ZWICKAU GMBH & CO. KG
Printed in Germany

Weitere Informationen finden Sie unter www.verlagdasnetz.de

Karin Babbe (Hrsg.)
Wind unter den Flügeln

Inhalt

Spiele und Übungen

Vorwort

Ein Silberdrachen wohnt in unserer Schule. Jede Schülergeneration erfindet neue fantastische Geschichten über ihn.

Eines Tages schleppte Deborah ihren jüngeren Bruder Kevin durch die Schulflure und erzählte ihm von der bevorstehenden Geburt eines Babydrachens, der in diesem Moment aus dem Ei schlüpfen sollte. Als die Geschwister im Philosophenhof standen, einem grünen Lichtschacht, lauschte Deborah und hörte bereits das Knacken der Eischale.

Kevin stand verwundert und sprachlos neben seiner Schwester. Als sie fragte, wie er denn die aufregende Geburt fände, sagte er: »Ich sehe gar keine Dracheneier.«

Ein zerplatzter Traum?

Nein, so schnell gab die Schwester nicht auf, sondern schleuderte ihm empört entgegen: »Du musst dran glauben, dann siehst du die Eier auch!«

Dieser Glaube und die gemeinsame Vision einer Schule, in der Kinder für Kinder Theater spielen, verbindet unser Schulkollegium mit Schülerinnen, Schülern und Eltern. Von Jahr zu Jahr hat sich die Idee des Silberdrachens in unserer Schule weiterentwickelt. Heute lebt der Drachen bei uns in der Drachenschatzkammer, im Schnaubgarten, im Chillroom, er sitzt auf den Drachenhochsitzen oder verschwindet in Drachenhöhlen.

In diesem Buch möchten wir Ihnen zeigen, welche Kraft im Theaterspiel steckt. Folgen Sie uns in das Buch wie in ein Haus, lassen Sie sich von Bildern und Texten in die Räume führen und seien Sie gespannt, was darin passiert.

Die Texte schrieben Karin Babbe, Leiterin der Erika-Mann-Grundschule in Berlin, Silvia Brendenal, künstlerische Leiterin des Theaters SCHAUBUDE BERLIN, Birgit Habermann, Uta Klotz, Barbara Kopp, Dagmar Lunow und Ramona Schulz, Lehrerinnen an der Erika-Mann-Grundschule. Die Übungs- und Spielideen stammen aus den Mimikbüchern – Theatertagebücher, zu denen wir uns von Erika Mann anregen ließen – aller Theaterkolleginnen und -kollegen.

Das Nachwort schrieb der Journalist und Filmemacher Reinhard Kahl.

Die Fotos machte Wilhelm Holthus, Lehrer an der Nelson-Mandela-Schule in Berlin.

Claudia Engelbrecht, Diplom-Designerin, und Simone Orb, Künstlerin, berieten uns bei der Fotoauswahl.

Dank sei dem verlag das netz für den Mut zur Veröffentlichung.

Karin Babbe
Mai 2009

Eine Schule spielt Theater

Karin Babbe

Es ist super, in Rollen zu schlüpfen, die du nicht bist.
Nil-Orkide, 10 Jahre

Meine Damen und Herren, hochverehrtes Publikum!

Wir möchten Ihnen die Erika-Mann-Grundschule vorstellen, eine offene Ganztagsschule in einem Innenstadtbezirk Berlins, der seiner sozialen Problematik wegen immer mal wieder Schlagzeilen macht. Unsere Schule besuchen 600 Schülerinnen und Schüler im Alter von fünf bis 13 Jahren. Sie stammen aus 20 Nationen.

Unser Schulprofil wird durch das Theaterspiel geprägt. Wir betrachten die Schauspielkunst als eine universelle Sprache über alle gesprochenen Sprachen hinaus. Täglich erleben wir: Das Theaterspiel bildet den ganzen Menschen. Es umfängt das Selbst und trägt dazu bei, alle Sinne und Kompetenzen auszubilden. Im Theaterspiel ergründet sich das Ich, findet den Weg zum Du und zum Wir.

Wir spielen regelmäßig Theater. Zwei Stunden wöchentlich steht Theaterspiel im Stundenplan der ersten bis sechsten Klassen.

Wir spielen alle Theater. Alle Kinder einer Klasse stehen auf der Bühne. Das musisch begabte Kind spielt mit dem sportlichen, der Junge mit dem Mädchen, der Kleine mit dem Großen. Wir unterscheiden nicht nach Schauspielern und Beleuchtern. Jedes Kind soll die Bühne der Öffentlichkeit betreten, den Auftritt meistern und nach der Aufführung die Freude des Geglückten spüren.

Wir schreiben jedes Stück selbst. Im Kontext weit gefächerter Jahresthemen wie »Freundschaft, Liebe und andere Katastrophen«, »Kiezgefühle« oder »Zeit« finden Kinder einer ersten Klasse ihre Themen ebenso wie die aus der sechsten Klasse. Im Laufe eines Schuljahrs entwickeln sich die Stücke aus der Improvisation heraus.

Wir führen unsere Stücke jedes Jahr zum Theaterfestival der SCHAUBUDE BERLIN – unser Partnertheater – auf und erobern für eine knappe Woche die Bretter, die die Welt bedeuten.

Wir spielen für andere Kinder unserer Stadt, denn wir begreifen Kindertheater als Theater für Kinder von Kindern. Mit gleichaltrigen Zuschauern führen wir Theaterfachgespräche, in denen wir unsere Produktionen reflektieren. Solche Dialoge sind Diskurs und Impuls für die nächste Aufführung.

Wir spielen Theater mit Kindern, deren Eltern andere oder keine kulturellen Begegnungen dieser Art ermöglichen. Deren Eltern nicht immer zu den Aufführungen kommen, selbst wenn ihre Kinder Hauptrollen besetzen. Deren Eltern die Schwelle eines Theaters erst an der Hand ihrer Kinder überschreiten. Oft zum ersten Mal in ihrem Leben.

All dies tun wir seit 1999. Und wir tun es mit der gleichen Freude wie am ersten Tag.

Ich spiele – du spielst

Ich bin wichtig. Das ist die alles überragende Erfahrung jedes einzelnen Kindes.

Jedes Kind hat auf der Bühne eine Rolle. Rollen können unterschiedlich sein: große Rollen, kleine Rollen, Sprechrollen, pantomimische Rollen, tänzerische Rollen. Das wechselt von Stück zu Stück. Nicht jede Prinzessin ist immer Prinzessin. Doch unabhängig von der Rolle erfahren die Kinder, dass eine Inszenierung nur gelingt, wenn jeder seinen Teil dazu beiträgt. Dieser Teil ist wichtig, einmalig und besonders. Also erfahren die Kinder: Ich bin wichtig, einmalig und besonders. Ihr Selbstwertgefühl kann sich fundiert entwickeln. Keine Hybris sich selbst überschätzender »Jung-Machos«, kein schüchterner Rückzug ins mädchenhaft Unsichere. Das Ich ist geborgen und geschützt im großen Wir, es kann darin strahlen.

Ich bin wichtig, und ich bin einmalig! So sehen auch die anderen mich, so sehe ich sie.

Wenn Sabahathin – ein Junge, der Mühe beim Lernen hat – und der hochbegabte Ramon nach solchen Erfahrungen gemeinsam nach Hause gehen, dann war es ein guter Tag für beide.

Feine Reaktionen

Je nach Alter der Kinder dauern die Aufführungen zwischen 15 und 40 Minuten. In dieser Zeit laufen komplexe Prozesse des Miteinanders ab. Blickkontakte signalisieren »Ich bin bereit« oder »Ich bin irritiert« oder »Ich weiß nicht weiter«. Körperhaltungen drücken aus »Ich bin unsicher« oder »Ich bin stabil in meiner Szene«. Diese kleinen, feinen Reize werden mit Sicherheit von meinen Spielpartnern wahrgenommen, und sie reagieren verlässlich darauf. Ich bin nicht allein in einer »Notsituation«, irgendeiner hilft mir über die Klippe hinweg. Ich biete Schutz, irgendjemand kommt und lehnt sich – wenn auch nicht im wörtlichen Sinne – an mich an. Dieses Spiel von Reiz und Reaktion heißt im pädagogischen Fachjargon Auf- und Ausbau sozialer Kompetenz.

Das Spüren und Beobachten des anderen Menschen macht sensibel für ihn, es lässt entdecken, dass Reize unterschiedliche Bedeutungen haben, es sorgt für sozial differenziertes Wahrnehmen und macht verständig. So wissen die Schülerinnen und Schüler der Erika-Mann-Grundschule inzwischen: Ein Stirnrunzeln zum Beispiel hat so viele Bedeutungsfacetten, dass Mehmet sich davon nicht bedroht fühlen und niemandem vor Angst auf die Nase hauen muss.

Theaterspiel in unserem Sinne macht sozial gelassen. Man könnte auch sagen, es macht tolerant.

Geschichten erzählen

Neben der Erfahrung des gemeinsamen Spiels kommt dem Geschichtenerzählen fundamentale Bedeutung zu. Der Entwicklungsprozess eines Stücks beginnt mit der thematischen Verortung. Ein Beispiel: Geht es um »Zeit«, wählen Erstklässler das Thema »Abenteuer«, denn in ihrem Alter haben sie alle Zeit der Welt. Da kann manchmal Langeweile aufkommen, und dagegen helfen nur Abenteuer.

Andere Kinder erleben, dass Zeit eine knappe Ressource ist, dass Eltern, Lehrer, die Erwachsenen leider nicht so viel Zeit haben, wie Kinder es wünschen. Wieder andere können Zeit fühlen – im Sommer die Hitze und im Winter die Kälte –, können Zeit riechen wie im

Frühling den Blumenduft oder Zeit sehen am Wachsen, Werden und Vergehen der Blätter an den Bäumen.

In jedem Fall wollen die Kinder etwas ausdrücken. Sie wollen ihre Sicht auf die Welt mitteilen. Geschichten in diesem Geist zu erzählen, das heißt, nach der Geburt der Idee eine gemeinsame mentale Gliederung vorzunehmen und sie in szenischen Improvisationen umzusetzen. Die Einzelszene wird betrachtet, besprochen, auf ihre Güte geprüft, verworfen, und wieder wird improvisiert, bis alle entscheiden: So ist es gut – so soll es sein.

Die nächste Szene beginnt. Szenen greifen ineinander. Handlungsstränge werden angelegt, das Stück bekommt ein Gesicht. Durch Weglassen von Überflüssigem und Ausdeuten des Nötigen entstehen Dynamik und Spannung im Stück und beim Zuschauer. Er wird gefesselt.

13

Der Schluss löst alles wieder auf und bringt Entspannung.

Der Applaus der Zuschauer, das Lachen an den komischen Stellen, das ungescheute Staunen, die konzentrierte Zuhörerhaltung oder gelangweilte Unruhe zeigen den Kindern, ob ihre Mitteilung angekommen ist.

Weglassen

Zum Weglassen gehört Mut. Kinder im Grundschulalter bilden Wirklichkeit gern durch chronistische Abbilder ab. Die Reihung von Momentaufnahmen – »und dann war das, und dann war das« – kann ästhetisch durch Weglassen, durch Wiederholung oder Verlangsamung verwandelt werden.

Nicht alles zu erzählen, das heißt zunächst, dass ein Kind sich von Vertrautem verabschieden muss, um in das Gegenüber ein anderes Vertrauen zu setzen: Der Zuschauer wird mein Abbild von Welt mit seinen Weltverknüpfungsmöglichkeiten deuten.

Mut und Vertrauen sind im ästhetischen Element der Wiederholung und Verlangsamung als Kräfte wirksam.

Das Kind muss es aushalten, dass ein Satz zu schmerzen beginnt. »Keine Zeit, keine Zeit, keine Zeit« hämmert es in dem Stück »Keine Zeit für Anna« im staccato auf das Mädchen ein. Das will ausgehalten sein, vom Sprecher, vom Zuhörer, vom Zuschauer. Aushalten muss man auch Zeitlupen oder die Stille auf der Bühne. Auf einer Bank zu sitzen und nur ins Publikum zu schauen, traurig und verlassen zu sein, weil die Rolle das vor-

schreibt, nicht zu reden, sich nicht zu bewegen und keine Grimassen zu schneiden, dem aufkommenden Impuls der Flucht und des Ausweichens nicht zu folgen, nicht den bequemsten Weg zu suchen – das ist eine ernste Erfahrung.

Sätze finden

In den szenischen Improvisationen werden Bewegungen und Sätze erprobt: Wie schleiche ich? Muss ich wegrennen, wenn ich Angst ausdrücke? Und welcher Satz passt dazu?

Wörter werden aneinandergereiht. Ihrem Klang wird nachgelauscht. Wörter werden hinzugefügt. Wörter werden weggelassen. Wörter werden ersetzt. Ist es das, was gesagt werden soll? Passt das Gesagte zur Handlung? Drücken die Wörter die Stimmung aus?

Es gilt, die richtigen Sätze zu finden. Es gilt, typische Sätze für die Figuren im Stück und für sich selbst zu finden. Ayse drückt ihre Jahreszeitengefühle mit »Eisessen ist das Beste im Sommer« aus. Maria singt förmlich: »Ich liebe die Blumen im Frühling!« Grammatische Fehler tauchen auf, zum Beispiel wenn Anna sagt: »Niemand willte mit mir spielen!«

Doch bis zur Aufführung ist noch viel Zeit. Aus dem »Willte« wird ein »Wollte«, aus den falschen Genera und Kasus werden die richtigen, und schließlich passen auch Subjekte und Prädikate zueinander.

Sätze entstehen aus den Situationen, aus Erlebtem, aus der Erinnerung an literarische oder lyrische Vorlagen und werden in diesem Prozess zum eigenen Sprachbestand der Kinder. Darin liegt der Gewinn – nicht im Auswendiglernen von Vorgesagtem, das bald vergessen wird.

Das Chorische

Ist ein Satz einmal gefunden, kann mit ihm gespielt werden. »Ich kann Fußball spielen«, sagt Hakan. Der Chor wiederholt: »Er kann Fußball spielen.«

Schon in der einfachen Wiederholung entstehen Intensität und erhöhte Bedeutsamkeit. Der Chor übernimmt Echofunktionen und grammatische Transponierung. Er interpretiert und bewertet das Geschehen. Oder er erzählt die Geschichte weiter.

Auch das gemeinsame chorische Sprechen ist ein Beispiel für den kleinen Reiz und die große Reaktion darauf. Es muss ein gemeinsamer Anfang gefunden werden. Niemand darf als Starter zu hören sein. Das gleiche Tempo will gefunden sein, die gleiche Melodie und die gleiche Intonation. Die Fähigkeit des Hörens aufeinander entwickelt sich in dieser Phase enorm.

Ist ein Wort ausgesprochen, kann man es nicht mehr wegradieren. Genuscheltes wird nicht verstanden. Die Aussprache von Wörtern wird durch intensive Übung geschult, geschult und geschult. Trotzdem: Ein trockener Mund vor Aufregung – wer kennt das nicht? Lieber leise sprechen und privat bleiben – wer kennt das nicht? Es gibt Empfindungen, die man eben nicht durch Übung überwinden kann.

Das laute und deutliche Sprechen auf der Bühne ist immer erst dann wirklich möglich, wenn Ermutigung und Selbstvertrauen hinzukommen. Beim chorischen Sprechen kann jedes Kind sich so lange in einen Schutzmantel zurückziehen, bis es sich aus der Menge heraus klar artikuliert.

Beim Chor handelt es sich in der Regel um alle Kinder einer Klasse, die sich frei auf der Bühne bewegen. Ihre Choreografie wird durch ihre Raumwahrnehmung bestimmt. Wie verteilen sich die Kinder? Welche Absichten stecken dahinter?

Formen entstehen, finden sich, figurieren sich und lösen sich wieder auf. Neue Konstellationen erfordern neue Bilder. Blicke werden von einem Element auf das nächste gelenkt. Bewegungen werden durch Gegenstände wie bunte Tücher, Plastikschläuche, Besen oder Hüte unterstützt, betont und vergrößert. Es entstehen »Gemälde für den Moment«.

Auf der Bühne sind die Kinder für einen Augenblick Maler mit Farben, Formen und Proportionen. Die Bilder drücken Stimmungen und Gefühle aus. Sie erzählen Geschichten ohne Worte. Oft sind es diese Bilder, die lange im inneren Auge des Zuschauers zurückbleiben, weil eine Kraft neben der Sprache ihm die Freiheit gibt, das Gesehene mit eigenen Erfahrungen zu verbinden. Der Zuschauer denkt mit den Augen.

Massenszenen

Probebühnen, Aulabühnen, Theaterbühnen – sie alle scheinen immer zu eng zu sein, wenn 20 oder 25 Kinder darauf in Bewegung sind. Sie bewegen sich rhythmisch im fließenden Einklang miteinander. Sie rempeln sich nicht an, sie gehen rückwärts, ohne zu stolpern

Probe und Aufführung

Die Proben gehören uns, die Aufführung gehört dem Publikum.

Die Aufführung am Ende eines Arbeitsprozesses ist wie eine allumfassende Prüfung: Ein Produkt wird dargestellt. Doch es geht nicht nur darum.

Vor allem geht es um die gemeinsamen Prozesse in der Probenzeit. Es geht darum, dass doch geschubst und gedrängelt wird. Es geht um den gemeinsamen Frust und die Lust des Übens. Es geht ums Durchhalten, ums Erneuern. Es geht um das Ringen um Sprache, um einzelne Wörter. Es geht um gemeinsam vergossene Tränen. Es geht um das gemeinsame Lachen. Es geht um die Reflexion des Getanen. Es geht um ästhetische Bewertung. Es geht um individuelles Feedback. Es geht darum, dem anderen zuzuhören.

Die eigene Person im Mittelpunkt wahrzunehmen – dies ist in den öffentlichen Aufführungen in höchstem Maße ausgeprägt. Nicht aus der Rolle zu treten, weil im Publikum jemand an unvorhergesehener Stelle lacht. Nicht lange traurig zu sein, weil die Eltern nicht gekommen sind. Dem Mitschüler beizuspringen, wenn er einen Satz zu früh spricht. Pannen zu meistern. Stolperstellen zu überwinden und sie für den Zuschauer unsichtbar zu machen. Diese einzigartige Freude des Gelingens zu spüren und die frohe Erschöpfung nach dem Spiel.

Es geht um den Stolz auf das Geschaffte, auf den donnernden Applaus, der bis ins Herz hinein dröhnt und jedem Kind gehörig Wind unter die Flügel pustet, damit es selbstgestärkt »fliegen« kann.

oder jemanden zu touchieren. Sie reagieren ganzkörperlich aufeinander, steuern ihr Bewegungstempo und die Richtung, bezogen auf die Mitspieler. Das kann sehr langsam, in Zeitlupe geschehen oder rasant schnell. Immer geht es darum, dem anderen nahe zu sein, ihn zu unterstützen, auf ihn zu reagieren. Das heißt: Nähe zulassen, Nähe aushalten. So entdecken die Kinder den Raum für sich; sie sind als Ich im Raum sichtbar.

Kann man sich in Massenszenen noch vormachen, dass man im Schutz der anderen unsichtbar sei, so ist dies ausgeschlossen, wenn Objekte, Requisiten oder Kostüme auf offener Szene ausgetauscht werden müssen. In solchen Stücken wird die Verantwortung jedes einzelnen Kindes für das Arrangement seiner Dinge deutlich und sichtbar – bis ins Kleinste. Auch das Kleinste muss klappen, damit das große Ganze gelingt.

Verantwortung für das Kleine, für das Eigene – damit beginnen alle demokratischen Prozesse, dadurch wird demokratisches Verhalten erlernt.

Wir spielen

Was macht das Theaterspiel mit der Schulfamilie? Es macht aus einer Brennpunktschule eine Leuchtturm-schule. Trotz der sozialen Bürden gehen die Kinder jeden Morgen aufs Neue gern in die Schule und wollen die Welt mit uns erobern. Dabei müssen sie auch stei-nige Wege beschreiten, denn vielen fällt es schwer, etwas zu behalten, sich bestimmten Phänomenen zu nähern, zu lesen, zu schreiben und zu rechnen. Doch sie nehmen ihr Lernen in die Hand, sie mühen sich, haben den Atem, dies zu tun und auszuhalten.

Das liegt daran, dass das Theaterspiel in ganz beson-derer Weise die Verknüpfung des Ichs mit der Welt zu-lässt – wie Humboldts Bildungsdefinition es beschreibt. In jeder Theaterstunde geht es um die Erfahrungen des Ichs, die mit den Erfahrungen des Dus, des Wirs und den Dingen der Welt verknüpft werden.

Die Leichtigkeit des Theaterspiels, das spielerische Er-proben im Schillerschen Sinne – der Mensch ist nur da ganz Mensch, wo er spielt – nehmen die Kinder als Grunderfahrung mit.
Spielen heißt, die Welt anders auszuprobieren, neu zu

sortieren und schließlich alles wieder an seinen alten Platz zu stellen oder auch nicht.

Wirklichkeit wird auf der Bühne verdichtet und zu einem neuen Abbild von Wirklichkeit. In diesem Wechselspiel erfahren die Kinder eine Erweitung ihrer Sicht auf die Welt. Sie erfahren Bezüge und Beziehungen. Und sie erleben sich in ihnen anders, ungewohnt, vertraut oder neu.

Es kennzeichnet unsere Schule, dass Kinder sich zu jeder Tageszeit frei und gleichermaßen zielgerichtet im Haus bewegen. Dabei entsteht keine gewaltige Rüpelei, es gibt keine Zerstörung von Tisch und Stuhl, Wände werden nicht beschmiert. Die Kinder betrachten die Schule als ihren Ort des Lernens und Lebens. Sie sind fröhlich, freundlich, höflich und hilfsbreit, wirken aufgeschlossen und zufrieden. Sie haben es nicht nötig, sich in einem Alltagskampf in der Schule zu beweisen, denn sie kennen sich – und den anderen –, wissen um ihre Stärken und nehmen einander in ihren Schwächen an, weil sie darauf vertrauen können, dass auch mit ihnen so verfahren wird.

Die Erwachsenen – Kolleginnen und Kollegen – verändern sich, wenn sie mit den Kindern Theater spielen. In kleinen und großen Schritten verlieren sie die Furcht, sich selbst zuzulassen. Sie erleben die Einmaligkeit der kindlichen Wege zu sich selbst, spüren die kindliche Freude bei der Aneignung der Welt und sehen den Kindern tief in die Seele.

Bei der Verknüpfung des Ich mit der Welt zeigen die Kinder den Erwachsenen überraschende Interpretationen der Wirklichkeit. Lehrerinnen und Lehrer lernen dadurch, sich und die Welt neu zu sehen, gewinnen Weitsicht. Ein Geschenk.

Wie die Kinder sich miteinander im Theaterspiel als ein Ganzes erleben, ist jedes Stück auch als Teamergebnis mehrerer Kolleginnen zu begreifen. Es hat sich herausgestellt: Theaterlehrerinnen verfügen über erhöhte Teamfähigkeit. Sie können gut zuhören und sind im Dialog »hellhörig«.

Verlässliche Beziehungen stabilisieren die Kinder. Von der Sekretärin bis zum Hausmeister, vom Fachlehrer bis zur Klassenlehrerin, von der Erzieherin bis zum Sozialpädagogen – alle Erwachsenen sind in der Schule für jedes Kind ansprechbar, jeder ist für den anderen da und verantwortlich. Das spüren die Kinder, das wissen sie und das brauchen sie. »Wenn ich mich verheddere, hilft mir jemand.« Diese Bühnengewissheit ist zur Schulgewissheit geworden.

Die Pädagogik des Vertrauens

Gelassenheit, Lässigkeit, Verlässlichkeit. Es steckt viel »Lassen« in diesen Wörtern. Nicht als Laisser-faire: Jeder kann machen, was er will. Sondern »Lassen« im Sinne von Loslassen.

Wir lassen die Kräfte der Kinder los, wir lassen sie frei. Wir lassen die Kinder in ihrer Einmaligkeit so sein – wie Korczak dieses Recht in »Wie man ein Kind lieben soll« formulierte.

Wir lassen die Kinder los, wenn sie auf die Bühne gehen. Wir lassen sie los bei ihren Schritten in die Welt, weil wir auf sie, auf ihre Kräfte und Stärken vertrauen. Wir begreifen die Erika-Mann-Grundschule als ein Haus, in dem die Pädagogik des Vertrauens herrscht.

Spiele und Übungen

Begrüßung nach den Sommerferien

Die Kinder gehen in verschiedenen Räumen umher, ohne sich zu berühren, sollen aber den Raum ausfüllen.
Bei Begegnungen im Raum begrüßen sie sich in ihren verschiedenen Sprachen.

Sie sagen einen Satz über die Ferien: Meine Ferien waren... Ich habe in den Ferien...

Vorstellungsrunde

Stell dich mit falschem Namen und falschen Titel vor: Ich bin Alexander, der Schöne, Kaiser von Griechenland. Wiederhole die Vorstellung mit übertriebener Sprache und übertriebener Geste.

Namensball

Ein Ball wird kreuz und quer von Kind zu Kind geworfen. Dabei ruft das werfende Kind den Namen des Kindes, dem es den Ball zuwirft. Der Ball darf jedem Kind nur ein Mal zugeworfen werden, bis er zur Spielleiterin zurückkehrt.

Begegnungen

Die Kinder stehen sich in Reihe diagonal gegenüber, begegnen einander in der Mitte des Raums und sollen verschiedene Situationen sprachlich vermitteln:
- Sie begegnen einander und sagen einen Satz über das Wetter.
- Sie begegnen einander und sagen einen Satz über sich selbst.
- Sie begegnen einander und sagen einen Satz über die Schule.
- Sie begegnen einander und sagen einen Satz über den Kiez.

Die Kinder begegnen sich, voneinander entfernt...
- auf zwei Berggipfeln.
- auf zwei Luftmatratzen.
- an zwei Fenstern, die einander gegenüberliegen.
- als Marktschreier.

Bewegungsübung

Wie bewegt sich in der Wüste...
- ein stolzes Kamel?
- ein durstiges Kamel?
- ein schwer beladenes Kamel?
- ein Mensch auf heißem Sand?
- ein durstiger Mensch?

Atmen und Klänge erzeugen

Bewusst ausatmen in verschiedenen Haltungen: sitzend, stehend, liegend...
- Augen schließen, Hände auf die Bauchdecke, ruhig atmen...
- ausatmen und die ausgeatmete Luft auf der Haut spüren...
- ausatmen auf die Haut des Spielpartners, damit er die Luft spürt...
- ausatmen durch einen Strohhalm...
- mit der ausgeatmeten Luft Zahlen und Buchstaben auf die Haut des Spielpartners »schreiben«...

Bewusst ausatmen und Geräusche erzeugen:
- wie ein Bär brummen (brrr)
- wie ein Fisch ausatmen (fitsch, fitsch)
- Luft entweicht aus einem Fahrradschlauch (ffft, ssst)
- auf einer Rutschbahn nach unten rutschen (huuuiii)
- verschiedene Buchstaben sprechen (aaa, mmm...)
- Variationen der Buchstaben: leise, langgezogen, kurz

Schwere Ballons

Die Kinder verteilen sich im Raum. Jedes Kind erhält einen aufgeblasenen Luftballon.
Die Kinder bewegen die Ballons so hin und her, als ob sie schwer wären und...
- geben die Ballons weiter.
- lassen sich von den Ballons ziehen.
- nutzen die Ballons als Stützen.
- legen sich hin und stemmen die Ballons nach oben.

Von der Bewegung zum Spiel

Uta Klotz

Der Körper und die Sprache sind die wichtigsten Mittel für das Theaterspiel. Das Wahrnehmen mit allen Sinnen, die Erfahrung, das eigene Handeln steuern zu können, setzt gestalterische Kräfte frei und fördert die individuelle authentische Ausdrucksfähigkeit.

Die Kinder lernen, Sprache zielgerichtet einzusetzen, und erproben ihre stimmlichen Möglichkeiten, experimentieren mit der Lautstärke, dem Tempo, dem Setzen von Pausen und erfahren die Wirkung des chorischen Sprechens auf der Bühne. Das soziale Miteinander bei der Erarbeitung und Gestaltung einer Präsentation fördert die Mitverantwortung jedes einzelnen Kindes und begünstigt das Wachstum demokratischer Gruppenprozesse.

Die Eroberung des Raums

»Dürfen wir auf der Bühne spielen?« fragen viele Kinder, wenn sie den Theaterraum betreten.

»Wenn ihr spielt, wird jeder Raum zur Bühne«, lautet die Antwort.

Die Bühne, meist ein höher gelegener Raum in Form eines Guckkastens, scheint bei vielen Menschen Faszination auszulösen. Oft wird damit verbunden: Die Bühne erhöht mich, gibt mir Größe, macht mich wichtig, stellt mich in den Mittelpunkt. Im Zeitalter der Medien wird suggeriert: Die Bühne macht mich zum »Star«. Doch bis dahin ist es ein langer Weg künstlerischer Herausforderungen.

Die Bühne, der Spielraum, wird immer wieder neu bestimmt, je nach räumlicher Gegebenheit und ästhetischer Notwendigkeit des jeweiligen Projekts.

Ist die Bühne im Raum definiert, werden die Position der Zuschauer und die Seiten für Auf- und Abgänge der Kinder, die auch dem Deponieren von Requisiten dienen, festgelegt.

Während des Spiels kann sich die Position ändern, wenn das Spiel auf einer Seitenbühne oder im Zuschauerraum fortgesetzt wird. Das Kind überschreitet, für die Zuschauer sichtbar, die Bühnenbegrenzung, es steigt aus der Rolle aus und befindet sich in einem neutralen Raum, ähnlich dem Abgang von der Bühne. Betritt das Kind die Bühne wieder, kann es auch in einer anderen Rolle auftreten.

Bewegung und Rhythmus

In der Bewegung liegt die Möglichkeit der kreativen Gestaltung eines gemeinsamen Weges, dessen Ziel es ist, eine Vision mit den Mitteln des Theaters umzusetzen. Der Blick des Kindes – auf sich selbst gerichtet, um das eigene innere Befinden zu erspüren – dient der Selbstwahrnehmung vor Beginn jeder Spielaktion.

Bei Übungen, die im Kreis beginnen, wird die Körperhaltung bewusst erfahren und die eigene Balance gefunden. Bewegungen in verschiedene Richtungen mit unterschiedlichen Geschwindigkeiten und Aufgabenstellungen lockern die einzelnen Körperteile und aktivieren die Lust am Spiel. Jedes Kind ist an der Gruppendynamik beteiligt und kann Richtung oder Geschwindigkeit beeinflussen, bis ein gemeinsamer Rhythmus gefunden ist.

Klatschrhythmen werden reihum geschickt, Impulse werden gesetzt, die immer mehr Konzentration erfordern, damit niemand den Anschluss an die Gruppengeschwindigkeit verpasst.

Die Erfahrung, bei Interaktionsspielen ausgeglichene körperliche Balance herstellen zu können, die sich ergebende Gruppendynamik aufzunehmen und mitzugestalten, bewirkt die Stärkung des Wir-Gefühls und nährt das Selbstwertgefühl jedes einzelnen Kindes.

Bewegungsspiele im Raum dienen der räumlichen Orientierung. Durch rhythmische Vorgaben entwickeln sich Ausdrucksformen und Gestaltungsmuster, die im Zusammenspiel mit anderen Kindern Bereicherung erfahren. Gezielte Körperarbeit erweitert das Bewegungsrepertoire und schult den Ausdruck von Mimik und Gestik. Gemeinsam soll ein ästhetischer Ausdruck gefunden und dem Publikum präsentiert werden.

Das Verhältnis des einzelnen Kindes zu den Mitspielern ermöglicht Selbsterfahrung und gelegentlich die Veränderung der eigenen Blickrichtung.

Für die körperliche und mentale Raumwahrnehmung verteilen sich alle Kinder im Raum. Sie stehen locker, mit gleichmäßiger Gewichtsverlagerung auf beide Beine, in aufrechter Haltung und auf sich konzentriert. Langsam gehen sie durch den Raum, die Aufmerksamkeit auf den eigenen Körper gerichtet. Ihre Aufgaben: den ganzen Raum ergehen, kurze Stopps an den Ecken einlegen, die Raumdiagonalen durchmessen, die Mitte des Raums erfahren und immer wieder kurze Ruhepunkte finden. Die Lockerung der Gliedmaßen dient der Wahrnehmung eigener Spannung und Entspannung, die – wenn die Kinder alt genug sind – im persönlichen Zeit-Rhythmus durchgeführt wird.

Im zweiten Teil dieser Bewegungssequenz nehmen die Kinder, sich nonverbal verständigend, Kontakt zueinander auf und finden einen gemeinsamen Rhythmus beim Gehen, beim Stehen, beim Verlassen eines Mitspielers und beim Wechsel zu einem anderen.

Bewegungsimprovisationen in der Gruppe sind weitere Gestaltungsaufgaben. Mehrere Kinder finden einen gemeinsamen Rhythmus des Gehens und Stehens, der das Beobachten anderer Gruppen einschließt, so dass schließlich ein gemeinsamer Fokus entsteht. Die Erfahrung, Impulse und Anregungen mit anderen Mitspielern

kreativ aufzunehmen und gestalterisch weiterzuentwickeln, setzt soziale Prozesse der Sensibilisierung im Umgang miteinander in Gang.

Bei der Improvisation in Gruppen werden die Ecken des Bühnenraums mit verschiedenen emotionalen Stimmungen belegt – Freude, Angst, Trauer, Wut –, während der Schnittpunkt der Diagonalen als neutrales Gebiet fungiert. Bewegt sich ein Kind über die Mitte, neutralisiert sich die Stimmung, eine neue Emotion kann aufgebaut und angesteuert werden.

Mehrere Kleingruppen versuchen, die Stimmungen der Ecken in Begegnungen und kleinen nonverbalen Spielszenen miteinander zu verdeutlichen – je nachdem, in welchem emotionalen Bereich der Bühne sie sich bewegen.

Die Texte

Nach der Aufwärmphase, der Raumsensibilisierung und der Interaktion als Ensemble beginnt die Arbeit mit der Sprache. Artikulationsübungen zur Lautstärke, zum Sprechtempo und emotionalen Ausdruck werden als Partner- und Gruppenübungen absolviert. Auf festgelegten Wegen im Bühnenraum werden Wörter, Sätze und Textpassagen gedehnt, verkürzt, schnell oder langsam gesprochen, einzeln oder chorisch wiederholt.

Mit Bewegung im Raum verknüpft, erhält ein Wort, ein Satz, ein Text oft eine andere Bedeutung und intensivere Aussagekraft. Bewegung und Sprache werden mit emotionalem Ausdruck verbunden, mit unterschiedlichen Gestaltungselementen erprobt, thematisch oder inhaltlich überprüft und in den Probenprozess aufgenommen oder verworfen. Das so gewonnene Textmaterial wird nach Bedarf ausgewählt und in Improvisationsübungen zur Verfügung gestellt.

Bei der »freien« Stückentwicklung wird Textmaterial aus der Situation heraus angeboten, abhängig vom Alter der Kinder, ihrer Spielerfahrung und dem Umfang des Projekts. Ist eine thematische Richtung vorgegeben, orientieren sich die Texte am Thema.

Wird ein Stück nach einer Textvorlage in Form eines Gedichts, einer Geschichte oder eines Buchinhalts erarbeitet, hält sich die Textvorgabe anfangs an die Inhalte, kann jedoch in Improvisationen modifiziert werden.

In der Regel werden Texte nach dem Prinzip der Montage oder Collage erarbeitet. Mit einzelnen Wörtern, Sätzen, Zitaten, Gedichten oder Szenen aus bekannten oder unbekannten Prosatexten wird in Sprech- und Sprachspielübungen experimentiert und assoziiert. Damit brauchbare Wörter, Sätze und Textpassagen wiederholbar werden, müssen sie so notiert werden, dass sie als Texte zur Weiterarbeit im Probenprozess zur Verfügung stehen. Diese Notizen werden von den Text-Produzenten später am Computer bearbeitet und dem gesammelten Textmaterial beigefügt.

   In den Probenprozessen wird das Textmaterial laufend überarbeitet und ergibt mit ausgewählten Bewegungssequenzen nach dem Modell der Collage oder der Montage schließlich ein Stück.

Chorisches Spiel

Das chorische Spiel ist ein dramaturgisches Instrument zur szenischen Gestaltung. Der Auftritt einer Kindergruppe, die synchron spricht und Bewegungen durch gemeinsame Impulse findet, verstärkt und verdichtet die Aussagekraft jeder Szene.

Chorisches Theater funktioniert auf der Basis des Miteinanders. Das einzelne Kind ordnet sich in die Spielgemeinschaft ein, die ihm Schutz und die Möglichkeit bietet, seine Fähigkeiten einzubringen.

   Die Erfahrung, mit Sprache und Bewegung einen Gestaltungsprozess in Gang setzen zu können, ihn mit anderen Kindern weiterzuführen und schließlich eine Performance zu erarbeiten, stärkt die Sprachkompetenz, die Teamfähigkeit und erweitert die ästhetische Weltsicht jedes Kindes.

Requisiten

Zu Beginn der Probenarbeit steht den Kindern in den Bewegungsimprovisationen nur der eigene Körper zur Verfügung. Zu vorgegebenen Aufgaben mit und ohne Musik werden Partner- und Gruppenübungen angeboten, in denen die unmittelbare Wirkung des Körperausdrucks erfahren wird.

   In den spielerischen Interaktionen setzen die Reaktionen der Mitspieler neue und weiterführende Impulse, die die Gestaltung der Präsentation voranbringen und die Kinder motivieren, einen gemeinsamen Rhythmus zu finden. Erprobt und geübt wird dies mit Spiegelbild- und Synchronübungen im Raum.

Der Einsatz von Improvisationsmaterial auf der Bühne dient der Verdeutlichung oder Verfremdung der dargestellten Bewegungen und erleichtert manchen Kindern die Darstellung. Ein Requisit setzt zusätzliche Impulse bei der Entwicklung eines Stücks. Das Experimentieren mit Gegenständen weckt Assoziationen beim Zuschauer wie bei den spielenden Kindern.

   Improvisationsaufgaben und das daraus folgende Spiel mit verschiedenen Requisiten lassen einen Ort, eine Handlung und eine Zeit in einem imaginären Raum entstehen. Beim Zusammenspiel mehrerer Kinder im chorischen Verband werden Spielräume strukturiert, so dass die Zuschauer sie sich vorstellen können, auch wenn kein Bühnenbild im traditionellen Sinne vorhanden ist.

Spiele und Übungen

Aufwärmen von Kopf bis Fuß

Alle Kinder streichen sich mit beiden Händen das Gesicht aus und werfen die Müdigkeit mit kräftigen Handbewegungen zu Boden. Danach entscheidet jedes Kind sich für eine ausdrucksstarke Mimik: Augenbrauen hochziehen, Augen und Mund weit aufreißen, Nasenflügel dehnen. Nach einigen Sekunden macht jedes Kind sein Gesicht ganz klein: die Augen zukneifen, die Stirn in Falten legen, die Lippen aufeinanderpressen. Sind ein paar Sekunden vergangen, kommt noch einmal die große Mimik.

Dann klopft jedes Kind seine Schulterpartie, Ober- und Unterarme und den Bauch so lange kräftig ab, bis es das Gefühl hat, den Körper »wach« geklopft zu haben.

Nun strecken alle die Arme nach vorn. Die Finger werden weit gespreizt. Gleich danach werden die Hände zu Fäusten geballt. Drei Mal wiederholen.

Jetzt wird der Rücken »wach« geklopft. Weil das niemand allein kann, stellen sich alle im Kreis auf. Jedes Kind klopft den Rücken seines Nachbarn gründlich, aber behutsam ab. Danach wird gewechselt. Zum Schluss kann jedes Kind noch seine Ober- und Unterschenkel abklopfen.

Aufwärmen mit Musik

Zu Musik laufen die Kinder durch den Raum: vorwärts, rückwärts, auf Zehenspitzen, auf den Fersen, auf den Fußaußen- und -innenseiten, mit kleinen oder großen Schritten, hüpfend... Dabei werden Schultern, Arme und der Kopf kräftig geschüttelt.

Aufwärmen mit Musik und Tanz

Die Kinder stellen sich im Kreis auf und tanzen zu Musik. Eins nach dem anderen geht in die Mitte und tanzt auf seine individuelle Weise. Die anderen Kinder ahmen diesen Stil nach. Schluss ist, wenn alle an der Reihe waren.

Ich bin eine Wand

Das Spiel eignet sich gut dazu, Kindern, die sich selten einbringen, weil es ihnen schwer fällt, schnell zu reagieren, Zutrauen zu vermitteln, diese Aufgabe lösen und später selbstständig in schnelle Spielabläufe eingreifen zu können.

Anfangs gab ich Spielräume aus der Erlebniswelt der Kinder vor, zum Beispiel das Wohnzimmer. Später wählten die Kinder selbst aus, wo wir uns befinden.

Ablauf:

Ein Kind stellt sich, das Gesicht den Zuschauern zugewandt, auf die Bühne, breitet die Arme aus und sagt: »Ich bin eine Wohnzimmerwand.«
Die anderen Kinder überlegen, was in einem Wohnzim-

mer vorhanden sein kann, stellen sich, ihren Ideen entsprechend, zum Wand-Kind und teilen den Zuschauern mit, wer oder was sie sind.

Es ist interessant zu beobachten, wie die Ausnutzung des Bühnenraums und der verschiedenen Ebenen sich verbessert, je öfter das Spiel gespielt wird.

Spielvarianten:
- Die Kinder achten, wenn sie ihre Standorte wählen, bewusst auf die Ebenen im Bühnenraum und die Ausnutzung des Raums. Danach werten wir aus, wie sie diese Aufgabe erfüllt haben.
- Die Hälfte der Kinder agiert auf der Bühne, die andere Hälfte schaut zu. Danach wird getauscht. Die Kinder müssen sich merken, wen oder was derjenige, den sie ablösen, dargestellt hat.
- Die Kinder werden gebeten, nach dem Spiel zu erzählen, was sie mit den Mitspielern auf der Bühne erlebten. Diese Variante eignet sich gut zum Erarbeiten eines Textes, der sich aus der Spielsituation ergibt.

Die Parkbank

Zwei Stühle stellen eine Parkbank dar, zu der verschiedene Kinder gehen und dort agieren. Ertönt ein Signal, sind die Stühle keine Parkbank mehr. Kinder, die jetzt in das Spiel eingreifen, zeigen mittels Bewegungen und improvisiertem Text, was die Stühle nun darstellen. Die anderen Kinder müssen sich darauf einstellen und mitspielen. Sie können die Bühne auch verlassen, wenn sie nicht verstanden haben, was aus den Stühlen geworden ist.

Damit das Spiel nicht zu unübersichtlich wird, dürfen jeweils nicht mehr als fünf Kinder auf der Bühne sein. Das Spiel lebt von der Schnelligkeit und der Veränderung des Spielorts. Es eignet sich für erfahrene Spieler.

Paarübungen im Raum

- Bildet Paare und berührt euch an der Schulter, als ob ihr zusammengewachsen wärt. Geht nun zu zweit kreuz und quer durch den Raum.
- Verändert eure Geschwindigkeit entsprechend den Anweisungen der Spielleiterin: langsam, normal, schnell... Beachtet dabei, dass ihr ein Paar seid, das an der Schulter verbunden ist. Die Hände bleiben frei.
- Ein Paar ist die Katze, die anderen Paare sind Mäuse. Das Katzenpaar bleibt an den Schultern zusammen und versucht, ein anderes Paar zu fangen. Wird ein anderes Paar angetippt, ist es die neue Katze, schreit laut »Miau!« und geht auf die Jagd.
- Variiert diese Bewegungsübung: Nun seid ihr an den Beinen, am Kopf, am Rücken zusammengewachsen.

Als Gruppe agieren

- Sich als Gruppe bewegen: Stellt euch zu dritt als Gruppe zusammen. Bewegt euch gemeinsam. Ihr wisst nur als Gruppe, wohin ihr geht.
- Mit einer Stimme reden: Zwei Gruppen von vier bis fünf Kindern stehen einander gegenüber. Die eine Gruppe versucht, mit der anderen Kontakt aufzunehmen. Die Kinder können aber nur gemeinsam sprechen und wissen vorher nicht, was sie sagen sollen.
- Imaginäres Tauziehen: Zwei Gruppen, je eine Reihe bildend, stehen einander gegenüber. Sie ziehen an einem imaginären Tau. Die Spannung steigt, wenn die eine Gruppe von nur zwei oder drei Kindern und die andere von erheblich mehr Kindern gebildet wird.

Vom Spiel zum Theaterspiel

Barbara Kopp

Es hat Spaß gemacht, und mein Herz hat geklopft.
Ahmat, 9 Jahre

Ist das Theaterspielen eine Spielart, die kindliche Entwicklung vorantreibt? Diese Frage markierte den Anfang des Weges, den ich mit den mir anvertrauten Kindern Schritt für Schritt ging. Er war für die Kinder und mich – trotz meiner jahrzehntelangen beruflichen Erfahrung – gleichermaßen neu.

Raum und Zeit für Entspannung

Anfangs diente das Angebot verschiedener Spielmöglichkeiten im Theaterunterricht – Namens-, Wahrnehmungs- und Auflockerungsspiele – dem besseren Kennenlernen der Kinder untereinander, und sie hatten Spaß daran. Das wirkte sich auch positiv auf das gemeinsame Arbeiten in anderen Unterrichtssituationen aus.

Nach und nach führte ich Entspannungsübungen wie Fantasiereisen, Spiegelbilder, Igelspiele oder Rückenmassagen ein. Sie förderten den umsichtigen Umgang miteinander, und noch bevor Worte gefunden wurden, wuchs Vertrauen. In anschließenden Gesprächen benannten die Kinder ihre Gefühle und schufen so eine entspannte Atmosphäre, die sie sehr genossen. Jedes Kind entdeckte Möglichkeiten, sich über seinen Körper, seine Bewegungen, Gestik und Mimik auszudrücken. In dieser zugewandten Umgebung entwickelte sich Zutrauen in die eigenen Fähigkeiten.

Das Bündeln dieser Fähigkeiten – als Paar oder in der Gruppe –, gemeinsames Tun nach vorgegebenen (Spiel-)Regeln stärkten das Gruppenerlebnis und ließen ein Wir-Gefühl entstehen. Sich berühren, sich selbst dabei erspüren, dem anderen bewusst begegnen, ihn ansehen, ihm zuhören und nach innen lauschen – all das sind Qualitäten, deren Entwicklung Zeit braucht. Für diesen sensiblen Bereich der Wahrnehmung nahmen wir sie uns.

Der bewegte Vorhang

Beim Lösen neuer Bewegungsaufgaben war Musik für die Kinder hilfreich. Sie übten den »bewegten Vorhang«. In einer Szenencollage, die von mehreren Klassen unserer Schule gestaltet wurde, diente er als Verbindungsglied.

Den Rhythmus der Musik erkennen, ihn beibehalten, gegen ihn angehen, zur Musik passende Bewegungsabläufe erfinden, sie übernehmen und verschiedene Abläufe zu einem Ganzen zusammenführen – das waren Aufgaben, die die Konzentration der Kinder aufs Höchste forderten.

Mit solch einer Bewegungsformation hatten die Kinder ihren ersten Auftritt in einem Theater, in der SCHAU-BUDE BERLIN. Aus dem Spiel im geschützten Raum der Schule wurde ein Schritt in die Öffentlichkeit.

Erfreulicherweise kam bei einigen Kindern bald der Wunsch nach »echtem« Theaterspiel auf, das sie bei älteren Mitschülern gesehen hatten. Sich verkleiden, in andere Rollen schlüpfen, das wurde für sie wichtig.

Bilder, Gedichte und eigene Texte

Die Kinder zusammenzuführen, eine gemeinsame Vorlage zu erarbeiten, Texte zu erfinden, Sprachmuster zu übernehmen, sie ab- und umzuwandeln, Freude an der Sprache zu entwickeln – das waren die neuen Herausforderungen. Um sie zu bestehen, war es wichtig, kleinschrittig vorzugehen, alle Kinder mitzunehmen.

Mit Bildern begannen wir. Die Kinder mussten eine Situation erkennen, nachspielen und weiterentwickeln. Aber Theaterspielen macht erst richtig Freude, wenn eigene Gefühle ausgedrückt werden können. Um diesen Schritt zu vollziehen, arbeiteten wir mit Gedichten. Sie lieferten den Kindern erste Textvorgaben. Später fiel es ihnen dadurch leichter, eigene Texte zu produzieren. Szenen aus dem Alltag, aus dem Leben der Kinder entstanden, in denen sie ihre Gefühle und Gedanken ausdrücken konnten.

Das Theaterstück

Nachdem wir ein Buch über die »Olchis«, kleine, grüne Wesen, die sich von Müll ernähren, gelesen hatten, kamen wir auf die Idee, ein eigenes Theaterstück zu entwickeln. Die Kinder setzen die Handlung des Buches in Dialoge um, fertigten Kostüme an, entwarfen und bauten ein Bühnenbild. Alle machten mit. Jedes Kind bekam eine Rolle.

Schließlich führten wir das Stück vor den Eltern und vor Kindern aus anderen Schulen auf.

Und dann kam das Festival! Große Bühne, Dunkelheit in den Seitengassen – alles neu für die Kinder. Nur eine Probe – die Generalprobe. Danach war Premiere. Das war aufregend.

Alles lief wie am Schnürchen, bis ein Junge nicht aus der Olchi-Mülltonne herauskam. Ausgerechnet das Kind,

das bei der Spiegelbildarbeit ein Jahr zuvor schreiend die Bühne verlassen hatte. Und heute? Der Junge spielt weiter, als Olchi meistert er inzwischen jede Situation. Wenn es doch mal eng wird, helfen die anderen Olchis.

Spuren

Drei Jahre spielen wir nun schon Theater. Es ist für mich eine große Freude, die Kinder in jeder Alltagssituation in ihrem sensiblen, umsichtigen und zugewandten Um-

gang miteinander zu erleben. Ihr Verständnis für die Nöte und Stärken der anderen berührt mich. Ihr frohes allmorgendliches Ankommen in der Schule steckt mich an, und ich bekomme Lust, auch an diesem Tag die großen und kleinen Phänomene der Welt mit ihnen entdecken, ergründen und verstehen zu wollen.

Es ist das Theaterspiel, das solche Spuren hinterlässt – bei den Kindern und bei mir.

Spiele und Übungen

Elemente

Ein Kind läuft langsam mit einem Tuch durch den Raum. Wörter werden ihm zugerufen, und es setzt sie in Bewegungen um:

Feuer: schnelle, zackige Bewegungen;
Wind: gleitende, langsame Bewegungen;
Sturm: wirbelnde, drehende Bewegungen;
Wasser: Wellen darstellen, ruhig oder tosend;
Erde: Tiere auf der Erde oder Pflanzen darstellend.

Die Elemente können auch von Paaren dargestellt werden. Ein Kind ist Zuschauer und das andere ist Befehlsgeber. Danach werden die Rollen getauscht.

Assoziationen zu den Elementen

Die Spielleiterin gibt ein Thema vor: Feuer, Wasser, Wind...
   Alle Kinder sind in einer Ausgangshaltung eingefroren. Ein Kind steht auf, macht eine Bewegung (tänzerisch) mit dem Tuch und sagt ein Wort, bevor es wieder einfriert. Das nächste Kind beginnt, sich zu bewegen, sagt ein Wort und friert ein. Wenn sich alle Kinder bewegt haben, gibt die Spielleiterin das nächste Thema vor, und die Übung wird wiederholt – diesmal zu einem anderen Element.

Assoziationen zu einer Farbe

Die Kinder sitzen im Kreis auf dem Boden. Ein Tuch wird präsentiert, zum Beispiel ein schwarzes Tuch. Die Kinder nennen ihre Assoziationen zur Farbe des Tuchs: Trauer, Tod, Verzweiflung...
   In der nächsten Runde bilden sie Sätze zu den Begriffen, die sie genannt haben. So kann reihum eine Geschichte entstehen.

Tier-Masken aus Luftballons

- Einen Luftballon auf Kinderkopfgröße aufblasen.
- Den Ballon in eine Halterung, zum Beispiel eine Büchse, klemmen.
- Tapetenleim anrühren: Er muss so dick sein, dass er gut am Ballon haftet.
- Dünne und eher kurze Streifen aus Zeitungspapier mit dem Leim einstreichen.
- Streifen auf den oberen Teil des Ballons kleben.
- Dann eine Schicht Toilettenpapier aufkleben.
- Von jedem Material mindestens zwei Schichten aufkleben, damit die Maske stabil wird.
- Formen für Ohren und Schnäbel aus Pappe schneiden
- Die Pappteile mit Papierstreifen auf dem Ballon fixieren.
- Kleinere plastische Formen wie Augenbrauen aus gekleistertem Papier formen und auf der Maske anbringen.
- Übergänge mit größeren Papierstreifen glätten.
- Die Maske trocknen lassen und sie danach mit Acryl- oder Schulmalfarbe bemalen.
- Löcher für die Befestigung am Kopf stechen. Bänder oder Gummiband einziehen.

Pantomime

Stimmungen und Gefühle lassen sich allein durch Mimik und Gestik wirkungsvoll darstellen.

Die Kinder gehen kreuz und quer durch den Raum: stolz, erfreut, albern, eingebildet, ängstlich, wütend, verbissen... Zuschauende Kinder müssen erraten, welche Gefühle dargestellt werden.

Was im Spiel entsteht

Ramona Schulz

Mir gefällt am Theater, dass alle Kinder mitmachen dürfen. Und das Verbeugen.
Zeljko, 10 Jahre

Jedes Jahr ist es eine große Herausforderung für mich, ein Theaterstück mit den Kindern meiner Klasse zu entwickeln und es zum Ende des Schuljahrs in der SCHAUBUDE BERLIN, unserem Partnertheater, aufzuführen. Und jedes Jahr stehen wir vor der gleichen Frage: Finden wir ein geeignetes Stück, das die Kinder annehmen, mit dem sie sich identifizieren, dessen Rollen sie authentisch spielen, ohne den Text zu vergessen oder vor Angst auf der Bühne ins Stottern zu geraten?

Schließlich handelt es sich um eine enorme Leistung, wenn ein neunjähriges Kind, angestrahlt von Scheinwerfern, vor 150 Zuschauern selbstbewusst spielt und seine Rolle mimisch und gestisch souverän gestaltet.

Vorgefertigte Theaterstücke, die es in zahlreichen Büchern gibt, passen nicht zu Kindern aus dem Berliner Wedding, die zum ersten Mal mit dem Theaterspiel in Berührung kommen. Ganz abgesehen davon, dass solche Stücke mit ihrer Lebenswelt meist wenig zu tun haben – viele Kinder verfügen über einen geringen Wortschatz, können sich grammatikalisch korrekte Sätze nicht merken, können mehrere Sätze nicht laut und deutlich sprechen, ohne ins Stocken zu geraten. Und dann Theater spielen?

Der Inhalt und die Texte

Es ist wichtig, dass die Kinder ihr eigenes Stück entwickeln, sich die Handlung und die Rollentexte – mit meiner Unterstützung – selbst ausdenken und entscheiden, welche Rollen sie spielen möchten. Ausgangspunkt sind spielerische Improvisationen, aus denen sich letztlich Rollen entwickeln, die später in einem Drehbuch schriftlich festgehalten und von den Kindern gelernt werden.

Wie erreicht man, dass Kinder sich eine Handlung und Texte ausdenken, die zwar mit ihrem Lebensumfeld zu

49

tun haben, aber so nachvollziehbar sind, dass sie auf der Bühne gezeigt werden können? Dazu bedarf es spielerischer Sprach- und Körperübungen sowie vieler Improvisationen über Wochen und Monate hinweg.

Frei, ungehemmt und ohne Wertungen sammeln die Kinder im Theaterunterricht, der zwei Mal in der Woche stattfindet, zu einem Thema Wörter, Wortgruppen und Sätze, die sie in unterschiedlichen Situationen – im Kreis stehend, durch den Raum laufend, allein, mit einem Partner, in der Kleingruppe – vortragen. Parallel dazu erarbeiten sie im Deutschunterricht Szenen in Kleingruppen, die sie den Mitschülern und mir vorstellen, so dass wir auswählen können, was ins künftige Stück, das langsam zu wachsen beginnt, aufgenommen werden könnte.

Drei bis vier Monate brauchen wir, damit alle Kinder alle Rollen ausprobieren können, um zu erkennen, wo ihre Stärken liegen und welche Rollen am besten zu ihnen passen.

Nach der Erarbeitung der Inhalte folgt wieder eine Phase von drei bis vier Monaten, in der wir gezielt und schrittweise an den einzelnen Szenen arbeiten. Hauptrollen und Nebenrollen werden festgelegt, Rollentexte und Requisiten werden gesammelt und ausgewählt, der Szenenwechsel, der Umbau, die musikalische Untermalung werden bestimmt und im Drehbuch niedergeschrieben.

Das Thema

Das Jahresthema »Zeit« stand auf dem Plan der Schule. Zeit ist ein dehnbarer Begriff: Zeit haben, Zeit verlieren, Zeit sparen, Zeit gewinnen, keine Zeit haben…

Zu meiner dritten Klasse passt »keine Zeit haben«, fand ich. Dieses Problem kennen die Kinder aus ihrem häuslichen Umfeld: Die Mutter ist mit dem Haushalt oder den jüngeren Geschwistern beschäftigt. Der Vater bemüht sich um Arbeit und ist ständig unterwegs, um sich zu bewerben. Die ältere Schwester erliegt der Fernseh-Werbung und richtet ihre Freizeit danach aus.

Einem anderen Aspekt des Themas »Keine Zeit haben« begegnen viele Kinder meiner Klasse ebenfalls, dem Phänomen der sozialen Ausgrenzung. Die Kinder kennen es nur zu gut: in der Pause nicht mitspielen dürfen, beleidigt werden, keine Freunde finden.

Zu beiden Erfahrungswelten erfinden die Kinder in den Theaterstunden spontan passende Sätze und entwickeln Szenen, die sie im Alltag so oder ähnlich erlebt und beobachtet haben.

Die Szenen

Nach Monaten des Sammelns und Verwerfens von Erlebnissen und Beobachtungen steht die schwierigste Arbeit vor uns: die Bündelung der Ideen, die wir ausgewählt haben, und das Schreiben des Drehbuchs. Meine
Aufgabe ist es, die einzelnen Szenen zu überarbeiten,
sie umzuschreiben und Übungen, Impulse oder Aufgabenstellungen zu finden, die den Kindern helfen, die
Szenen mit Leben zu erfüllen, sie zu überspitzen, zu
verschärfen und sie auf eine Theaterfigur zu beziehen,
in unserem Stück auf die »Anna«.

Dieser Ausbau der Szenen und die Überspitzung der
Rollen bis hin zum Konflikt, der gelöst werden muss,
sind notwendig, um die Zuschauer zum Nachdenken
anzuregen und Mitgefühl bei ihnen auszulösen. Hinzu
kommt die Verbindung realistischer, aber überspitzter
Szenen mit einer Fantasiefigur. Da Kinder dieses Alters
Märchenfiguren und Fabelwesen lieben, ist die Fantasiefigur in unserem Stück eine Fee. Sie hilft Anna und
andere Figuren im Stück, steuert durch Impulse ihr
Handeln.

Das Drehbuch

Bevor die Kinder das Drehbuch in Händen halten, ihre Rollen lernen und mit den Proben beginnen können, bin ich als Drehbuchautorin noch einmal in besonderer Weise gefordert. Die unterschiedlichen Wahrnehmungen von Wirklichkeit – die der Kinder und die der Erwachsenen – müssen zusammengebracht werden, um die Sichten beider Seiten zu erweitern. Das heißt: Es geht um die behutsame Umschreibung und Zuspitzung der Ideen, die die Kinder sich ausgedacht haben.

Während die Kinder ihre Szenen spielen, üben oder erproben, habe ich stets mein Notizheft griffbereit, um neue Ideen oder Umschreibungen festzuhalten. Gleichzeitig skizziere ich das Bühnenbild, denke über musikalische Untermalungen für die Szenenwechsel nach und mache mir Notizen für den Auf- und Umbau, für die Nutzung von Requisiten. Viele Einfälle entstehen unbewusst im Spiel, während ich die Kinder beobachte. Auch zu Hause, nach Dienstschluss, notiere ich Anmerkungen oder Ideen für Überarbeitungen.

Neue Proben werden angesetzt. Schließlich sind alle Szenen überarbeitet, und der Text wird gedruckt. Alle Kinder erhalten ihre Exemplare, um die Rollen zu lernen. Nebenbei bringen wir Requisiten von zu Hause mit, durchstöbern Bastel- und Secondhand-Läden nach Brauchbarem, bis das Bühnenbild im Werkraum der Schule entsteht und ernsthafte, konsequent geleitete Proben mit dem Umbau aller Szenenbilder stattfinden können.

Das Theaterspielen

Die Lampenfieberphase beginnt. Bei den intensiven täglichen Proben erleben die Kinder, wie wichtig es ist, dass alle ihr Bestes geben, damit die Aufführung gelingt. Sie spüren intuitiv, aber auch an meiner konsequenten Haltung als Spielleiterin, dass jeder seine Aufgabe hat und alle Rollen – egal, ob Hauptrolle und Requisitenpflege oder Nebenrolle und Szenenumbau – wichtig sind. Ihr Selbstbewusstsein wächst, sie freuen sich über Lob und Anerkennung, gehen freundlicher miteinander um, sprechen plötzlich lauter und deutlicher als sonst, zeigen Stärken, die ich vorher nicht bemerkt hatte.

Wenn ein Kind der gelungenen Darstellung seiner Rolle wegen plötzlich geachtet wird, wenn ein anderes Kind nicht mehr leise und schüchtern spricht und plötzlich bei den Jungen mitspielen darf, wenn ein drittes Kind plötzlich grammatikalisch richtige Sätze formuliert, wenn die Merkfähigkeit, die Haltung, die Aussprache aller Kindern sich zusehends verbessert – woran liegt das? Am Theaterspielen. Neben all dem Unsichtbaren, nicht Zählbaren hat es etwas Sichtbares bewirkt und uns nachhaltig verändert. Bildung im wahrsten Sinne des Wortes.

Spiele und Übungen

Einfrieren im Raum

Folgende Aufgaben werden den Kindern gestellt:
- Ärger und Verbissenheit gegenüber dem Spielpartner zeigen – in dieser Position voreinander einfrieren.
- Stures, ignorierendes Begegnen – in dieser Position voreinander einfrieren.
- Möglichst viele Hände schütteln – in dieser Position voreinander einfrieren.
- Freundliches Begrüßen beim Vorbeigehen – in dieser Position voreinander einfrieren.

Standbilder bauen

In Partnerarbeit bauen die Kinder Standbilder zu folgenden Themen und stellen sie als Gruppenbilder dar:
- eine Schaufensterpuppe im Kaufhaus;
- ein Fußballfan;
- ein japanischer Tourist;
- ein Mensch, der Angst und Entsetzen ausdrückt.

Variante:
Die Spielleiterin ruft einen Satz. Die Kinder, die das Standbild darstellen, bewegen sich kurz, diesem Satz entsprechend, und frieren danach wieder ein.

Standbilder zum Leben erwecken

Stellt euch vor, es ist Sommer, und ihr seid am Strand. Welche Personen gibt es dort? Wie bewegen sie sich?

Begebt euch nacheinander auf die Spielfläche. Spielt eine Person und friert danach in eurer Bewegung ein. Neue Spieler kommen, die jemanden darstellen.

Wenn ihr mehr als sieben Personen zählt, geht ihr von der Spielfläche ab.

Variante 1:

Sagt zu eurer Darstellung einen passenden Satz und friert danach in der Bewegung ein.

Variante 2:

Bildet Fünfergruppen und baut gemeinsam ein Standbild am Strand, das ihr den Zuschauern danach vorstellt. Folgendermaßen könnt ihr vorgehen:

- Nacheinander auf die Spielfläche gehen – Bewegung ohne Worte – einfrieren.
- Nacheinander auf die Spielfläche gehen – Bewegung – Satz – einfrieren.
- Gemeinsam eine Position einnehmen – zum Beispiel: Alle sonnen sich – einfrieren.
- Wechsel der Position – zum Beispiel: Alle stehen auf und packen ihre Sachen ein – einfrieren.
- Wechsel der Position – zum Beispiel: Alle geben sich die Hände und verabschieden sich – einfrieren.

Variante 3:

Besonders interessant werden die Standbilder, wenn ihr Konflikte einbaut. Findet zu zweit Konflikt- oder Problemsituationen und schreibt sie auf Kärtchen: Geld gestohlen, jemand liegt auf eurem Handtuch, Sonnenbrand.

Erprobt zu fünf ein Standbild am Strand und sucht

euch dazu ein Konfliktkärtchen aus. Geht nacheinander auf die Spielfläche und stellt Personen dar. Friert nach jeder ausgeführten Bewegung ein. Überlegt, wann man den Konflikt einbauen könnte. Denkt euch einen geeigneten Schluss aus.

Variante 4:

Stellt das Standbild als Spielszene mit Sprache dar.

Fremde Geschichten werden eigene Geschichten

Birgit Habermann

Immer wieder sind Kinder von Geschichten in Büchern fasziniert. Sie stellen sich vor, wie es wäre, selbst die Person in dem Abenteuer, der fremden Stadt oder der längst vergangenen Zeit zu sein. Dies bildet eine ideale Grundlage für den Einstieg in die Rollen eines Theaterstücks.

Lesen

… ist eine Grundlage für das Theaterspiel. Zunächst lesen die Kinder das Buch oder die Geschichte. Neben der Grundfähigkeit, lesen zu können, ist die Auswahl entsprechender Literatur maßgeblich.

Mitunter kann der Lesestoff in ein aktuelles Thema eingebettet oder Inhalte können lernbereichsübergreifend verknüpft werden. Dies kann dazu dienen, die Neugier der Kinder zu wecken und zu erhalten. Je umfangreicher ein Werk ist, desto länger muss die Motivation tragen.

In einer Integrationsklasse, in der Kinder mühsam ein- bis zweisilbige Wörter lesen und deren Sinn erfassen, werden Texte auf verschiedenen Niveaustufen bearbeitet und den Schülern damit leichter zugänglich gemacht. So wird gewährleistet, dass alle Kinder inhaltlich mitarbeiten können. Eine Differenzierung auf vier Schwierigkeitsebenen ist dabei eher die Regel als die Ausnahme.
Der geübte Leser bekommt die komplette Lektüre und alle Arbeitsmaterialien, zum Beispiel Lesebegleithefte, die seinen Kompetenzen entsprechen. Sie enthalten zusätzliche Aufgaben, die über das Sinnverständnis des Buches hinausgehen. Auf der nächsten Ebene steht oft das Erfassen der Sinnzusammenhänge der Geschichte im Vordergrund. Auf den im Niveau und Umfang reduzierten Ebenen wird zum Beispiel durch Kürzen oder durch das Hören einer Kassettenfassung erreicht, dass die Kinder die Schwerpunkte des Geschehens erfassen können.

Verstehen

… ist der nächste Schritt der Durchdringung eines Textes. Begriffsklärungen sind notwendig, Redewendungen, die im Wortschatz der Kinder fehlen, werden erklärt. Hilfen, die wir den Kindern an die Hand geben, um ihr selbstständiges Lernen zu unterstützen, sind zum Beispiel Lesekarteien oder Lesebegleithefte Die Berücksichtigung der unterschiedlichen Lernniveaus ist besonders in dieser Phase wichtig, damit der Inhalt der Geschichte für alle Kinder nachvollziehbar und verständlich wird.

Erzählen

… bildet in vielen Fällen die Verbindung zwischen Lesen und Verstehen. Durch regelmäßige Erzählkreise, in denen die Kinder das Gelesene besprechen, Lieblingspassagen vorlesen oder von besonders bewegenden Szenen berichten, tauchen sie immer tiefer in die Geschichte ein, und selbst ungeübte Leser können Inhalte verstehen und eigene Bezüge zur Geschichte aufbauen. Die Wiedergabe von Gelesenem trainiert außerdem die verbale Ausdrucksfähigkeit und erweitert den aktiven Wortschatz. Dies ist vor allem für Kinder nichtdeutscher Herkunftssprache wichtig.

Zudem eröffnet es dem Lehrer die Möglichkeit zu erkennen, welche Schwerpunkte die Kinder setzen, was ihnen an der Geschichte wichtig ist und welche Charaktereigenschaften die Personen der Handlung in ihren Augen haben. Dadurch werden wichtige Erkenntnisse gesammelt, die für die Konzeption eines eigenen Theaterstücks gebraucht werden.

Spielen

… im Erzählkreis – Standbilder oder improvisierte Rollenspiele – bauen einen Bezug zwischen der Handlung und den Personen der Geschichte auf. Die Kinder schlüpfen in die Rollen und erfassen die Situation. In ihren Improvisationen werden sie zu Hauptpersonen und hauchen ihren Rollen Leben und Charakter ein.

Rollenspiele bilden die Grundlage für den Einstieg in die Theaterarbeit. Sie sind eine weitere Brücke zwischen Lesen und Verstehen.

Ausgehend von den ersten Improvisationen, wird die Geschichte immer mehr zum Theaterstück. Dabei werden die Kinder aktiv an der Entwicklung des Stücks beteiligt. Ihnen obliegt die Auswahl wichtiger Szenen, das Schreiben eigener Dialoge. Ihre Ideen zur szenischen Umsetzung sowie zur Bühnen- und Kostümgestaltung werden festgehalten und fließen in die Inszenierung ein, so dass die Arbeit am Stück zu einem großen Teil ihre eigene Theaterarbeit ist.

Fühlen

… heißt, sich in die Rollen hineinzuversetzen: Denken wie die Person, deren Rolle man spielt, ihre Trauer, Freude, Angst oder Spannung spüren. Nur wenn das gelingt, erzeugt man auf der Bühne Spannung und erzählt oder spielt die Geschichte so, dass die Zuschauer in ihren Bann gezogen werden.

Mimik und Gestik werden immer wichtiger. Welche Körperhaltung drückt welches Gefühl am besten aus? Kann ich diese Spannung halten? Wie muss der Text gesprochen werden? Welchen Klang muss ich meiner Stimme verleihen? Wohin geht mein Blick? In welche Richtung muss ich sprechen? All das ist zu bedenken.

Integrieren

… oder sich in das Stück hineinfinden – dazu verhilft uns das Thema »Berlin«. Für den Deutschunterricht haben meine Klasse und ich das Buch »Die Flaschenpost« von Klaus Kordon ausgewählt, das die Problematik der Teilung und Wiedervereinigung Berlins aus der Sicht zweier Kinder beleuchtet und lernbereichsübergreifendes Lernen ermöglicht.

Um die Geschichte inhaltlich leichter erfassen zu können, bekommt jedes Kind ein differenziertes Lesebegleitheft. Es dient der Begriffsklärung, der intensiven und individuellen Auseinandersetzung mit dem Buch und der Geschichte der deutschen Teilung.

In den wöchentlich stattfindenden Erzählkreisen zeigt sich, wie sehr die Kinder vom Schicksal und den Erlebnissen der beiden Helden aus »Die Flaschenpost« beeindruckt sind. Die Möglichkeit, historische Orte aufzusuchen, hilft den Kindern nicht nur, sich eine klarere Vorstellung von den Spielorten zu verschaffen, sondern öffnet gleichzeitig einen neuen – zum Teil noch unbekannten – Blick auf ihre Heimatstadt. Äußerungen wie

»Hier hat Lika gesessen«, »Von hier aus haben Matze und Pipusch über die Mauer geschaut« oder »Hier konnte man nicht durchgehen« zeigen, dass die Auseinandersetzung mit dem Buch den Kindern einen anschaulichen Zugang zu Historizität eröffnet.

Improvisieren

… im Erzählkreis weckt den Wunsch, die Geschichte auf der Bühne zu erzählen.

Der schwerste Schritt, den Kinder beim Improvisieren vollziehen, ist die Reduktion. Zwar wird schnell deutlich, dass wir nicht das ganze Buch nachspielen können, doch welches sind die Schlüsselszenen? Was muss der Zuschauer sehen, um zu verstehen, worum es geht?

Mit Hilfe einer mind map wird das Stück im Theaterunterricht zunächst gegliedert, und wichtige Stellen werden gekennzeichnet:

Bearbeiten

… müssen wir alles, was wir in Erzählkreisen gesammelt und probiert haben. Durch szenische Improvisationen und Übungen zur Darstellung verschiedener Gefühle, durch Sprechtraining und Raumwahrnehmung werden die Szenen lebendig.

Die Improvisationen sind in Einzel-, Partner- oder Gruppenarbeit angelegt. Jedem Spiel folgt gemeinsames Betrachten und Besprechen. Vieles wird verworfen, einiges wird aufgegriffen, um weiter daran zu arbeiten. Die Auswahl von Bewegungen und Szenen wird immer präziser.

Systematisch wird die Inszenierung aufgebaut. Zu jeder einzelnen Szene erarbeiten die Kinder in Improvisationen, wie sie inszeniert werden könnte. Texte werden geschrieben, und nach weiteren Improvisationen steht das Gerüst der Szenen eines Tages fest.

Während des Theaterunterrichts oder der Proben kommen die Kinder immer wieder auf neue Ideen, wie man das eine oder andere besser darstellen oder ausdrücken könnte. Das heißt, das Stück unterliegt schon im Prozess des Entstehens ständiger Überarbeitung, bis alle zufrieden sind.

Der Anfang ist immer das Schwerste. Doch wenn die ersten Szenen stehen, ergibt sich das Folgende fast von allein.

Die ersten Zuschauer sind meist Klassen aus der Schule. Vor ihnen überprüfen wir die Wirkung und Verständlichkeit unserer Arbeit. Ihre Tipps nehmen wir dankend an und berücksichtigen sie, wenn sie sich als brauchbar erweisen. Meist beziehen sie sich auf die Darstellung der Rollen, auf die Perspektive, die der Zuschauer in Bezug auf die Raumaufteilung der Bühne, auf Sprache und die Verständlichkeit der Dialoge hat.

Besetzen

… ist keine leichte Aufgabe, wenn alle Kinder der Klasse in das Stück integriert werden sollen. Erste Präferenz für die Besetzung ist die Selbsteinschätzung auf der Grundlage des Klassenfeedbacks. Jedes Kind wird nach seiner eigenen Einschätzung und seinen sprachlichen wie schauspielerischen Fähigkeiten einbezogen. Ein sprachbegabtes Kind wird ebenso gefordert wie ein zurückhaltendes Kind, das seine Rolle lange üben und sich den Bühnenraum erst erschließen muss, bevor es seinen Satz mit lauter und klarer Stimme an der richtigen Stelle und mit der richtigen Betonung spricht.

Transportieren

… von Geschichten, so dass das Publikum sie versteht, ist ein komplexes Unterfangen. Was muss passieren, damit die Quintessenz des Stücks den Zuschauern zugänglich wird?

Eine fremde Geschichte wird zuerst gelesen. Sie muss semantisch erfasst werden, über das Erzählen und Spielen zu einer inneren Beziehung führen, zum Fühlen des Wesentlichen.
 Sind die Kinder so weit fortgeschritten, kann dieses Fühlen genutzt werden, um die eigenen Schwerpunkte zu finden und sie theaterbezogen zu bearbeiten.
In diesem Prozess wird die Geschichte neu erzählt, und die Kinder versuchen im Spiel, das eigene Verstehen

auf die Zuschauer, also auf andere Kinder, zu übertragen. Gelingt dies, ist aus einer fremden Geschichte eine eigene Geschichte geworden.

Erfolgreich sein

... möchten die Kinder unbedingt, wenn sie auf der Bühne stehen. Aber was heißt das?

Zunächst denkt man unwillkürlich an den Applaus. Er ist das erste Zeichen für den Erfolg. Voller Stolz verbeugen die Kinder sich und genießen die Früchte ihrer Arbeit.

Hören sie später von älteren Zuschauern, die die historischen Begebenheiten des Stücks selbst miterlebten, Äußerungen wie »Ich fühlte mich in diese Zeit zurück-versetzt«, »Mir standen die Tränen in den Augen, denn ich kann mich noch gut erinnern« oder »Die Kinder haben gezeigt, dass sie verstanden haben, wie es damals war«, merken sie: Bei der Bearbeitung der Inhalte haben sie die Schwerpunkte richtig gesetzt.

Die Bereitschaft, sich anzustrengen und beim Theaterspiel immer wieder sein Bestes zu geben, führt jedoch weiter. Erfolgreich sein bedeutet für uns letztlich, Selbstbewusstsein zu entwickeln, das Bewusstsein für Erscheinungen zu schärfen, die über den eigenen Tellerrand weit hinausgehen und den Kindern die Kraft und den Mut verleihen, dem Leben beschwingt entgegenzutreten: Hier bin ich, ich kann etwas und – ich bin wichtig.

Spiele und Übungen

Orientierung im Raum

Die Kinder üben, sich zum Publikum hin auszurichten oder sich vom Publikum abzuwenden. Folgende Aufgaben werden gestellt:

- von links nach rechts allein über die Bühne gehen und einen Gegenstand nicht aus den Augen lassen,
- von links nach rechts mit einem Partner über die Bühne gehen und einen Gegenstand nicht aus den Augen lassen,
- von links nach rechts mit mehreren Partnern über die Bühne gehen und einen Gegenstand nicht aus den Augen lassen,
- von links nach rechts im Pulk über die Bühne gehen und einen Gegenstand nicht aus den Augen lassen,
- in verschiedenen Stimmungen über die Bühne gehen: allein, mit Partner, mit mehreren Partnern, im Pulk.

Improvisationen

Drei Kinder spielen eine Improvisation an folgenden Orten, zu folgenden Problemen und in folgenden Rollen:

- In der U-Bahn. Problem: Die U-Bahn bleibt stehen.
- Im Fahrstuhl. Problem: Der Fahrstuhl bleibt stehen.
- Am Imbiss-Stand. Problem: Es gibt nur einen sehr kleinen Stehtisch.

Die Rollen:
- ein Fußballfan von Hertha BSC, ein Berliner Prolet und ein durchgeknallter Schauspieler.
- oder ein gestresster Manager, ein Sektenmitglied und ein Jugendlicher.

Variante 1:

Eins der spielenden Kinder muss eine Problemkarte ziehen. Auf den Problemkarten steht zum Beispiel: Eine Person fängt an, Tai Chi zu üben. Eine Person erzählt etwas, das keinen interessiert. Eine Person stimmt plötzlich ein Lied an...

Variante 2:

Durch Abklatschen werden die Rollen getauscht, während die Situation bestehen bleibt.

Variante 3:

Die spielenden Kinder bekommen Stichwörter oder Sätze zum Weiterspielen zugerufen und verändern dadurch ihre Rollen.

Momo – ein Spiel

Dagmar Lunow

Ich wünsche mir, dass wir den ganzen Tag nur Theater spielen.
Aslihan, 10 Jahre

Momo – ist das nicht dieses Mädchen mit den großen, dunklen Augen und dem dichten, lockigen Haar, das in einer Ruine wohnt? Hat Momo nicht unendlich viel Zeit, den Menschen zuzuhören, ihren Geschichten und Problemen? Denkt sie sich nicht immer wunderbare Spiele aus? Ja, das ist Momo aus dem gleichnamigen Kinderbuch von Michael Ende.

Im Folgenden beschreibe ich, wie aus einem Buch ein Theaterstück entstand und wie ich lernte, mit neuen Augen auf meine Theaterarbeit zu blicken.

»Die Zeitsparer«

Als wir Michael Endes Buch lasen, fragten die Kinder einer fünften Klasse: »Können wir Momo spielen?« Sicher können wir das, aber: Welche Figuren sind wichtig? Welche Handlungen sind unerlässlich?

Wir kamen schnell zu dem Schluss, dass sich wegen der Fülle an Handlungssträngen nicht das ganze Buch auf die Bühne bringen lässt. Also wurde eine Menge Text gestrichen und verändert. Das ging sogar so weit, dass die Figur der Momo gestrichen werden sollte, da ihr Auftreten in unserem Stück nicht mehr die gleiche Dominanz wie im Buch hatte. Doch letztlich fanden alle, dass Momo unverzichtbar ist. Also blieb sie.

Es entstand ein Stück über Kinder, die sich ohne Hilfe Erwachsener verantwortungsvoll mit ihrer Umwelt auseinander setzen und den Kampf gegen die grauen Männer aufnehmen, die den Menschen die Zeit stehlen.

Momo tritt bei uns nur noch am Rande auf. Sie »schwebt« in die Szenen, übernimmt den Part der Beobachterin und lässt die Kinder agieren. Zum Schluss gelingt es den Kindern, das unheilvolle Wirken der grauen Männer oder Zeitsparer, wie sie bei uns heißen, zu beenden. Aus Michael Endes Buch entstand ein neues Stück: »Die Zeitsparer«.

Ein neues Prinzip

Es war für mich eine neue Erfahrung, mit Kindern ein Theaterstück zu entwickeln. In den letzten Jahren hatte ich mit Jugendlichen gearbeitet und dramatische Texte als Vorlage verwendet. Die Erika-Mann-Grundschule hatte sich jedoch für einen Weg entschieden, der mir unvertraut war.

Als neue Lehrerin an dieser Schule sah ich die Kinder auf der Bühne und war erstaunt, mit welchem Selbstbewusstsein, mit welchem sprachlichen und darstellerischen Können sie sich bewegten. Lässig. Ernsthaft. Gefühlvoll. Authentisch. Glücklich. Neu und wunderbar. An dieser Schule erlebte ich eine andere Art der Theaterarbeit mit Kindern.

Das Prinzip ist, dass sich alle Kinder darstellerisch an einer, nämlich an ihrer Theaterproduktion beteiligen, an der Inszenierung, an der Probenarbeit mit Kostümen, Requisiten, Auf- und Abgängen ebenso wie an der Organisation des Vorhabens.

Fiel ein Kind aus, schlüpfte ein anderes in seine Rolle. Kaum ein Außenstehender bemerkte das. Dabei zeigten die Kinder eine Spontaneität und Präsenz, deren Wurzeln darin liegen, dass alle Kinder der Schule Theater spielen. Dies hatte ihnen enorme Sicherheit vermittelt, und sie hatten gelernt, Verantwortung füreinander zu übernehmen.

Besonders gut gelang das in der Touristenszene unseres Stücks, in der Gigi Fremdenführer Gäste durch Berlin führt. Die Touristen tippeln hinter ihm her und bewundern jede Sehenswürdigkeit. Daneben wird der Alltag in Berlin gezeigt, ein quirliges Treiben unterschiedlicher Menschen. In diese Darstellungen bezogen die Kinder ihre Erfahrungen als Bewohner der Hauptstadt ein. Vorher hatten sie mit ihren Lehrerinnen Stadtrundfahrten und einen Stadtrundgang mit eigener Führung unternommen. Untermalt wird die slapstickartige Szene mit der Musik von Eminem, sehr zum Wohlgefallen der Kinder.

Auch die Bibiboy- oder Bibigirl-Szene, in der die Kinder nach selbst gewählter Musik tanzen, wurde von ihnen choreografiert. Es machte zwar großen Spaß, den Tanzenden und ihren Bewegungen zuzuschauen, kostete aber viel Kraft, ihnen die Wirkung und Bedeutung der Szene klarzumachen. Was und wen sieht man? Wem sieht das Publikum zu? Was wollen wir zeigen? Was wollen wir damit sagen? Sehr lange haben wir an diesen Szenen geprobt...

Die grauen Männer. Niemand wollte sie gern spielen. Aber sie waren wichtig.

Den Kindern fiel es anfangs schwer, diese Rollen zu übernehmen und darin zu bleiben. Immer wieder lachten sie, kasperten herum und verpassten ihre Einsätze. Nach und nach bekamen sie ein Gefühl für die Rollen, für die Ernsthaftigkeit des Bösen.

Das Ergebnis war, dass den Zuschauern bange wurde, als die Zeitsparer, ihre grauen Hüte tief ins Gesicht gezogen und die Kragen ihrer grauen Hemden hochgeschlagen, in Nebel gehüllt und zu düsterer Musik auftraten.

Gemeinsam tasteten wir uns an die Geschichte von Momo heran. Gemeinsam heißt, dass alle Kinder alles

und jeden spielten. So war jedes Kind gefordert und musste in jeder Theaterstunde wach und aufmerksam sein. Das klappte natürlich nicht immer gleich gut, da Elfjährige ihre Texte oder Einsätze mal vergessen, zu leise oder undeutlich sprechen. Aber im nächsten Moment waren sie wieder mit ganzer Konzentration dabei. Besonders die Szenen, in denen alle Kinder zeitgleich auftraten, empfand ich als kraftvoll und beeindruckend.

Pures Spiel – für das Leben

Mit Kindern Theater zu spielen ist etwas Besonderes und immer wieder etwas Neues. Das zeigt sich in jeder Probe und bei jeder Aufführung. Manches ist zwar vorhersehbar, aber nicht alles. In jedem Spiel beweist sich neu, wie spontan und kreativ die Kinder und ihre Theaterlehrerinnen sein müssen.

Irgendwann wird klar, dass das Theaterspiel mit jedem Kind, mit jedem Menschen etwas macht. Mein Blick schärft sich. Die Kinder kommen mir näher, sie werden offener, gefühlvoller als im Schulalltag.

Und: Kinder spielen Rollen, die ich ihnen anfangs nicht zugemutet hätte, weil ich befürchtete, dass sie sie nicht bewältigen. Aber es funktioniert! Wie Schauspieler finden sie sich in ihre Rollen hinein. Es dauert nur etwas länger...

Was macht Theaterspielen mit uns Erwachsenen? Nichts anderes als mit den Kindern: spontan und kreativ sein, Geduld, Ausdauer und Vertrauen haben.

Das Ergebnis solcher Theaterarbeit ist grandios, denn die Kinder spielen absolut pur. Das heißt, man erkennt ihre Wirklichkeit, verpackt in der Geschichte des Stücks,

die für sie authentisch ist, weil sie sich ihre Parts anverwandeln. Nach gelungenen Aufführungen beobachte ich, dass manche Kinder Gesten, Verhaltensweisen oder Wörter der Figur, die sie darstellten, in ihren Alltag nehmen.

Das Wichtigste an der Theaterarbeit ist für mich das gemeinsame Spiel. Denn im Spiel findet jeder Mensch seine Rolle und öffnet sich für die Mitspieler. Jeder Erwachsene, sei er Pädagoge oder nicht, der offen für Kinder ist, kann – aus dem Spiel zurückgekehrt in die Realität – dem Leben mit frischem Blick begegnen.

Spielszenen

Wunder im Alltag

1. Szene:

Geräusche: Donner und Blitz, **Licht:** Schwarzlicht
Requisiten: weiße Handschuhe und weiße Socken
Auf der Spielfläche verteilt, liegen die Kinder auf dem Rücken, bewegen Beine und Arme wie Käfer. Wenn die Geräusche verstummen, frieren alle ein.

2. Szene:

Geräusche: Musik, **Licht:** Schwarzlicht
Zur Musik heben die Kinder die Köpfe, stützen sich auf die Ellenbogen und erheben die Oberkörper. Langsam und harmonisch stehen sie auf, strecken die Arme nach oben und bewegen sich wie Pflanzen rhythmisch zur Musik. Endet die Musik, frieren alle ein.

3. Szene:

Geräusche: Musik, **Licht:** hell
Auf der Spielfläche bewegen die Kinder sich wie mit den Armen rudernde Roboter – zehn Schritte laut stampfend, danach zehn Schritte auf leisen Sohlen, immer im Wechsel, bis die Musik leiser wird. Dann gehen die Kinder zu ihren Inseln an den Ecken der Spielfläche.

4. Angst-Szene

Musikalische Begleitung: eventuelle Percussion, gespielt von Kindern, **Licht:** dunkel, beängstigend

Von den Inseln her treten die Kinder mit Sätzen und Standbildern auf. Der Insel-Chor wiederholt die Sätze.
1. Kind: Manchmal, da hab ich eine Angst, wenn ich in der Nacht allein bin.
Chor: Manchmal, da hat er eine Angst, wenn er in der Nacht allein ist.
2. Kind: Manchmal, da hab ich eine Angst, wenn ich Geräusche höre.
Chor: Manchmal, da hat sie eine Angst, wenn sie Geräusche hört.
3. Kind: Manchmal, da hab ich eine Angst, wenn ich in den Keller muss.
Chor: Manchmal, da hat er eine Angst, wenn er in den Keller muss.
4. Kind: Manchmal, da hab ich eine Angst, wenn ich ganz allein Fernsehen schaue.
Chor: Manchmal, da hat sie eine Angst, wenn sie ganz allein Fernsehen schaut.

5. Wut-Szene

Licht: hell
Von den Inseln her treten die Kinder mit Sätzen und Standbildern auf. Der Insel-Chor wiederholt die Sätze.
1. Kind: Manchmal, da hab ich eine Wut, wenn mich meine Mutter anschreit.
Chor: Manchmal, da hat sie eine Wut, wenn ihre Mutter sie anschreit.
2. Kind: Manchmal, da hab ich eine Wut, wenn mich meine Schwester ärgert.

Chor: Manchmal, da hat er eine Wut, wenn ihn seine Schwester ärgert.

3. Kind: Manchmal, da hab ich eine Wut, wenn ich nicht Computer spielen darf.

Chor: Manchmal, da hat er eine Wut, wenn er nicht Computer spielen darf.

4. Kind: Manchmal, da hab ich eine Wut, wenn mich mein Bruder an den Haaren zieht.

Chor: Manchmal, da hat sie eine Wut, wenn ihr Bruder sie an den Haaren zieht.

6. Weltschmerz-Szene

Licht: hell

Alle Kinder stehen im Halbkreis und in Standbildern auf dem vorderen Teil der Spielfläche. Weitere Kinder kommen, ihre Sätze sprechend, nach vorn.

1. Kind: Manchmal habe ich keine Freunde.

Chor: Manchmal hat sie keine Freunde.

2. Kind: Manchmal habe ich kein Vertrauen.

Chor: Manchmal hat er kein Vertrauen.

3. Kind: Manchmal habe ich keinen Mut.

Chor: Manchmal hat er keinen Mut.

4. Kind: Manchmal kommt plötzlich jemand und fragt mich:

Chor: Manchmal kommt plötzlich jemand und fragt sie:

5. Kind: Kann ich dir helfen? Ich helfe dir gern!

Chor: Kann ich dir helfen? Ich helfe dir gern! Komm, lass uns zusammen spielen.

Wunder im Alltag – Texte

- Manchmal, da hab ich eine Angst, wenn ich in der Nacht allein bin.
- Manchmal, da hab ich eine Angst, wenn ich Geräusche höre.
- Manchmal, da hab ich eine Angst, wenn ich in den Keller muss.
- Manchmal, da hab ich eine Angst, wenn ich ganz allein Fernsehen schaue.
- Manchmal, da hab ich eine Angst, wenn ich träume.
- Manchmal, da hab ich eine Angst vor Haien, Schlangen und Löwen, die mir in meiner Fantasie begegnen.
- Manchmal, da hab ich eine Wut, wenn mich meine Mutter anschreit.
- Manchmal, da hab ich eine Wut, wenn mich meine Schwester ärgert.
- Manchmal, da hab ich eine Wut, wenn ich nicht Computer spielen darf.
- Manchmal, da hab ich eine Wut, wenn mich mein Bruder an den Haaren zieht.

Aber manchmal kommt plötzlich jemand und fragt mich: Kann ich dir helfen? Ich helfe dir gern! Wollen wir uns wieder vertragen? Komm, lass uns zusammen reden. Es wird alles wieder gut

Wunder im Alltag – eine Improvisation

Alle Kinder sitzen oder liegen zusammengekauert und mit geschlossenen Augen auf dem Boden, öffnen die Augen, erwachen langsam und bewegen sich zu träumerischer Musik auf der Spielfläche.

Alle Kinder gehen schnell und hektisch über die Spielfläche, nehmen mit übertriebenen Gesten Kontakt zu anderen Kindern auf, aber nur flüchtig. Wenn die rasante Musik verstummt, kehren sie erschöpft auf ihre Plätze zurück.

Über die Lust am Spiel

Silvia Brendenal

Als ich 1972 mein Theaterwissenschaftsstudium abschloss, tat ich dies mit einer Arbeit über »Die Wirkung von Theater auf die schöpferischen Fähigkeiten des Kindes«. Diese rein empirische Studie versuchte, anhand einer einjährigen Versuchsreihe zu belegen, was mit und um Kinder passiert, deren schöpferisches Zentrum für ein Schuljahr das Theaterspiel ist. Nur einige wenige Leser und Leserinnen verwunderte damals das Ergebnis nicht. Die meisten staunten darüber, dass sich der Leistungsdurchschnitt aller Schüler um eine Note verbesserte, ihr Selbstbewusstsein sich deutlich entwickelte, ihre sprachliche Ausdrucksfähigkeit enorme Fortschritte machte, ihr Sozialverhalten sich wandelte – bis hin zu solchen Einzelphänomenen, dass ein stottern-

des, verschüchtertes Kind den »Erzkomödianten« in sich entdeckte. Antriebskraft oder Motor für die Arbeit war die Idee, dass es irgendwann gelingen möge, Darstellendes Spiel als Unterrichtsfach einzuführen, um das schöpferische Potenzial dieser künstlerischen Ausdrucksform für die Entwicklung eines jeden Kindes zu nutzen.

Heute nun sitze ich in einer Vorstellung unseres Theaters, die von Schülerinnen und Schülern der Erika-Mann-Grundschule bestritten wird, und erlebe, dass Träume Wirklichkeit werden – es braucht nur manchmal seine Zeit.

Die Eroberung des Theaters

Alljährlich führt die Erika-Mann-Grundschule, an der das Darstellende Spiel seit 1999 Unterrichtsfach ist, in der SCHAUBUDE BERLIN, dem zentralen Theater für Puppen, Figuren und Objekte, ein Theaterfestival durch, in dem die während des Schuljahrs in unterschiedlichen Klassenstufen erarbeiteten Inszenierungen einem ebenso wohlwollenden wie kritischen Publikum – Wer ist wohlwollender als Eltern und Geschwister, wer kritischer als gleichaltrige Schülerinnen und Schüler? – vorgestellt werden.

Wenn zu Beginn des Festivals der Schlüssel des Hauses an die jungen Künstler, ihre Betreuerinnen und Betreuer übergeben wird, so handelt es sich bei diesem symbolischen Akt um mehr als eine Geste. Für nahezu eine Woche wird das Theater erfüllt von einer Atmosphäre, die durch Aufregung, Neugier und Lampenfieber ebenso geprägt ist wie durch Mut, Verzagtheit, Stolz, Traurigkeit und Glücklichsein. Eine Atmosphäre, die nur erahnen kann, wer von schöpferischen Prozessen an einem Theater weiß, von den Problemen und Glücksmomenten, die zum Erzählen einer Geschichte auf der Bühne

gehören, und von denen, die den langen Weg dahin begleiten.

Erfolgte die »Eroberung« unseres Theaters und seiner Bühne durch die jungen Darsteller während des 1. Festivals 2001 noch sehr zögerlich, schließlich betraten sie unbekanntes Terrain, gaben sich die Akteure der folgenden Festivals schon weitaus sachkundiger und selbstbewusster. Das Theater als Ort darstellerischen Ausdrucks und künstlerischer Kommunikation war von ihnen bereits erkannt und begriffen worden. Ihr Theaterspiel, bisher geknüpft an die Intimität und Vertrautheit des

Klassenraums, fand nunmehr an einem eigens zu diesem Zwecke geschaffenen öffentlichen Ort statt. Das verlangte von den Kindern ein anderes Darstellungsverhalten. In der Qualität des künstlerischen Miteinanders auf der Bühne war diese andere Bewusstheit ebenso spürbar wie in der Kommunikation mit den Zuschauern. Da begegneten sich Wissende.

Es war faszinierend, diesen Prozess der Entdeckung öffentlichen Spiels durch die Kinder zu beobachten. Nicht nur, dass sie das technische Instrumentarium für ihr Spiel nutzten – dorthin fällt das Licht, da steht ein

Mikrofon, hier ist mein Platz im szenischen Arrangement –, sie behaupteten vor allem die erzählte Geschichte als die ihre, als eine Geschichte, mit der sie sich identifizierten.

Geschichten erzählen

Theaterspiel, das ist die Fähigkeit des Menschen, sich die vorgefundene Welt spielerisch anzueignen, sie umzubilden, zu verändern, sie in eine künstlerisch erschaf-

fene umzuwandeln. Auch der Darsteller verwandelt sich bewusst mittels seiner Kunst in eine andere Person, egal ob professioneller Bühnenkünstler oder neugierig die Kunst des darstellenden Spiels ertastendes Kind. Ein jedes Kind, das spielt, ahmt nach. »Aber das Neue, welches durch die schöpferische Nachahmung der Welt beim Kind entsteht, ist nicht die Kopie des Vorhandenen, denn Mimesis ist die menschliche Fähigkeit, innere Bilder, Imaginationen, Ereignisse und Erzählungen hervorzubringen.«[1]

1   Ilona Sauer: IXYPSILONZETT

In den Inszenierungen, die die Kinder der Erika-Mann-Schule während ihrer Festivals zeigten, wurde das darstellende Spiel als jenes direkte Bindeglied zwischen Wirklichkeit und Phantasie erlebbar, reich an szenischen Überraschungen und Erfindungen. Schülerinnen und Schüler einer dritten Klasse hatten sich entschlossen, das Märchen »Vom Fischer und seiner Frau« auf der Bühne szenisch umzusetzen. Ein Märchen von deutlich epischer Struktur, reich an Wiederholungen, arm an handelnden Figuren. Umso spannender das Ergebnis: Im selbst geschaffenen Bühnenraum verkörperte jeweils ein anderes Kinderpaar den Fischer und seine Frau in den einzelnen Etappen der »Wohlstandshäufung«. Der Butt war an einen Darsteller gebunden, ihn umgab eine Vielzahl an Kindern in Fisch- oder Meeresgetiergestalt, die ihn chorisch begleitete.

Außergewöhnlich an dieser Inszenierung war nicht nur die theatralische Schönheit und Leichtigkeit, mit der diese Geschichte erzählt wurde, sondern die Begegnung mit einer künstlerischen Erfahrung, die die Kinder während der Erarbeitung der Szenen des Märchens machten: Völlig selbstverständlich adaptierten sie Spielweise und Darstellung des epischen Theaters, nutzen sie archaische Ausdrucksformen des Theaters wie beispielsweise den Chor für sich. Ganz unmittelbar, ganz direkt wurden wir, die Zuschauer, Zeuge eines kreativen Vorgangs: der Anwendung künstlerischer Ausdrucksformen des modernen Theaters.

Eine Beobachtung, die sich in den Aufführungen, die in den Jahren gemeinsamer Theaterarbeit entstanden, stets wiederholte. Sei es im Rollenverhalten der jungen Macher (um den brechtschen Begriff in diesem Zusammenhang zu benutzen), die das Hineinschlüpfen in eine Rolle ebenso beinhaltete wie das Hinaustreten zum Zwecke des szenischen Betrachtens, also den Wechsel von Aktion und Reflexion, sei es im assoziativen Spiel mit der Andeutung, sei es in der Behauptung eines imaginären Raums... Wir erlebten die jungen Darstellerinnen und Darsteller als Kundige in Sachen Verfremdung. Das ihnen Vertraute machten sie fremd durch die Art und Weise der szenischen Darstellung – und begriffen es.

Ihr wissendes Schöpfertum verwandelte den Zuschauvorgang in einen großen Genuss, weil es uns, die Zuschauer, als notwendige Mitspieler einbezog.

In Augenblicken, in denen das nicht geschieht, die Kinder auf der Bühne in eine Form gezwungen werden, die ihnen fremd ist, ihrem natürlichen Spielverhalten nicht entspricht, legt sich sofort ein Schleier von Trostlosigkeit über die Szene. Dann wird das wirkliche Darstellungspotenzial der Kinder nämlich von dem »inszenierenden« Erwachsenen nicht begriffen, und als didaktisch vermittelt sich, was ein geselliger, kommunikativer Vorgang sein könnte und müsste.

Andere Geschichten

Ein türkischer Junge spricht einen langen Monolog. Man spürt seine Anstrengung, seine Konzentration, seine Unsicherheit. Aber er sagt sie fehlerlos, die vielen deutschen Wörter. Am Ende blickt er nicht nur stolz zur Lehrerin, die in der Seitengasse der Bühne steht, er strahlt für einen kurzen Moment die Freude über die Bewältigung einer schwierigen Aufgabe aus. Er hat etwas geschafft, das er sich bisher nicht zutraute.

Ein Mädchen, sein Kopf ist mit einem Schleier bedeckt, gibt selbstbewusst und mutig seine das Stück tragende Rolle. Als das Bühnengeschehen in einen frechen, modernen Tanz mündet, setzt das Mädchen sich abseits an

den Bühnenrand. Nur die Füße wippen im Rhythmus der Musik.

Ein dunkelhäutiges Mädchen erzählt von Einsamkeit und Isolation. Als dann ein hellhäutiges auf es zugeht und es umarmt, wird viel mehr thematisiert als die Umarmung zweier Freundinnen.

Ein Kind verpatzt seinen Einsatz, ist verunsichert, weiß sich nicht zu helfen. Mindestens drei andere Kinder springen hilfreich ein. Alles ist gut. Das Bühnengesche-

hen ist gerettet. Die Kinder können sich aufeinander verlassen.

Solche Momente erzählen von Geschichten, die weit über die Bühnenhandlung hinausreichen, aber an einer Schule zum Alltag gehören, deren Schülerinnen und Schüler zu 80 Prozent aus Familien mit Migrationshintergrund kommen.

Wie motiviert man ein Kind, das die deutsche Sprache nur bruchstückhaft beherrscht, sich zu vertrauen, den Schritt ins Ungewisse zu wagen? Wie motiviert man

ein Kind, die eigene Tradition mit den hiesigen Gegebenheiten souverän zu verknüpfen? Theaterspielen schafft hier weitaus mehr als eine gelungene Aufführung. Es schafft, dass Kinder ihr Bild von der Welt, entsprungen ihrer Begegnung mit der sie umgebenden Realität, auf der Bühne wie Forscher oder Entdecker in einzelne Teile zerlegen, es ausprobieren und neu zusammensetzen. So werden sie nicht nur zu wissenden szenischen Gestaltern. Durch ihre neue, andere Selbstwahrnehmung blicken sie auch bewusster und mit wachen Augen auf jene sie umgebende Welt.

Das heißt, durch das Darstellende Spiel erfahren die Kinder zwar viel über die Kunst der Darstellung auf der Bühne, aber gleichzeitig erfahren sie – unvermeidbar – auch viel über die Meisterung ihres Lebens. Doch bei allen pädagogischen, psychologischen oder soziokulturellen Aspekten, die in diesem Zusammenhang geltend gemacht werden können und müssen, der wichtigste und in jeder Vorstellung der Erika-Mann-Schule zu erlebende Gewinn für die Kinder ist ein künstlerischer. Auf nahezu unspektakuläre Weise »professionalisierten« sie von Jahr zu Jahr ihre Kunst der Darstellung.

Kulturelle Bildung pur

Liest man Berichte der Pädagoginnen und Pädagogen der Erika-Mann-Schule über ihre Theaterarbeit mit den Kindern, fallen Sätze wie: »Es war ein sehr schönes, aber auch anstrengendes Theaterjahr… Jedes Kind kann seine Rolle in einem Gesamtkonzept gestalten. Das schafft keine Konkurrenz, sondern ein Schaupielteam… Es entsteht ein Gesamtkunstwerk von Schülern, alle sind intensiv beteiligt am Prozess… Die Kinder waren immer bei der Sache und hatten viel Spaß trotz der langen Probenzeiten.«

Wunderbare Sätze, die die Mitarbeiterinnen und Mitarbeiter der SCHAUBUDE ergänzen: »Es ist eine schrittweise stattfindende, sich konsequent vollziehende Auseinandersetzung mit Theater zu beobachten… Hier findet die von der Politik geforderte kulturelle Bildung ganz pur statt und zwar lustvoll, dem Theater, seinen Darstellern und Zuschauern gemäß… Die Kinder bilden ihre Welt so ab, wie sie ist – und sie ist kompliziert. Mit ihrer Sprache, ihrer Körpersprache. Mit den von ihnen gewählten ästhetischen Mitteln wissen sie zu verblüffen.«

Wortzeugnisse einer produktiven Zusammenarbeit, die auf ein gemeinsames, kostbares Ziel gerichtet ist: Mit Hilfe des Theaterspielens sollen sich die Schülerinnen und Schüler die Welt aneignen, eine Welt, die die unsrige ist. »Im Spiel formt und äußert sich … das Bedürfnis des Kindes, auf die Welt einzuwirken. Dem Theater kommt dabei eine besondere Bedeutung zu – sowohl dem Theater mit Kindern wie dem Theater für Kinder –, indem es jungen Menschen Modelle vermittelt, an denen sie ihre Möglichkeiten durchspielen können im

Sinne Brechts, der das Hauptgeschäft des Theaters darin sieht, auf dass wir die Welt ihren Gehirnen und Herzen ausliefern, sie zu verändern nach ihrem Gutdünken.«[2]

Wir, die erwachsenen Zuschauer, seit Jahren Zeugen dieser kreativen Welt-Aneignung, sind dankbar für all die ungestümen, zaghaften, überraschenden, irritierenden und kunstvollen Augenblicke, die die Kinder uns schenkten.

2   Christel Hoffmann: Theater für junge Zuschauer

Die Geheimgrammatik des Lernens

Reinhard Kahl

»Betrachte jede Verzögerung als einen Vorteil«, schrieb Rousseau in seinem Èmile. Das war keine Nebenbemerkung. Er nannte dies die oberste und wichtigste Regel aller Erziehung. Wer den irritierenden Satz nicht gleich mit einem Anti-Rousseau-Reflex abwehrt, der hat was zu denken.

»Betrachte jede Verzögerung als einen Vorteil.« Mit diesem Satz im Kopf wird die Lektüre von »Wind unter den Flügeln« noch ergiebiger. Man wird nicht vorschnell nach dem Nutzen des Theaters fragen. Man wundert sich vielmehr darüber, was Kinder alles schon können und bewundert ihre Poesie und Fantasie. So kommt man der Geheimgrammatik des Lernens auf die Spur.

Die Wege des Lernens sind so unregelmäßig und so verschlungen wie die Synapsen und Dendriten auf Abbildungen des Gehirns. Lernen besteht aus Umwegen, Sprüngen und Abkürzungen, auch aus Fehlern, Irrtümern und anderen Mutationen. Die gerade Linie und der Gleichschritt der Belehrung sind eher unwahrscheinliche Ausnahmen. Sie zur Regel zu machen, hieße Lernen zu behindern, was, wie man weiß, nie vollständig gelingt. Menschen, Kinder zumal, können gar nicht nicht-lernen. Wer es noch nicht wusste, kann das heute bei Hirnforschern nachlesen. Aber es reicht auch Kinder zu beobachten. Diese Beobachtungen allerdings bringen nur dann Erkenntnisse, wenn sie wohlwollend sind. Und das wäre vielleicht das wichtigste an der Grammatik

des Lernens, ohne eine gute, einladende Atmosphäre geht es nicht. Wie schafft man Atmosphären?

An der Erika-Mann-Grundschule im Berliner Wedding kann man es studieren. Schon der Schulhof ist ein kleiner Kosmos aus Nischen, Hügeln, Klettergerüsten, Plätzen mit Sand oder ohne, auch eine Laufbahn gehört dazu. Der Schulhof wurde übrigens maßgeblich von den Schülerinnen und Schülern geplant. Im Haus hängen Drachen von der Decke, Harfen sind ins Treppengeländer eingebaut, auf den Fluren stehen ganz ungewöhnliche Schränkchen, in denen die Kinder ihre Sachen verstauen. Besucher sind baff angesichts dieses Reichtums und werden aufgeklärt, dass sich die Kinder das zusammen mit den »Baupiloten« ausgedacht haben, das sind Studierende und die Architekturdozentin Susanne Hofmann von der TU. Sie kooperieren mit Firmen, aber auch mit Beschäftigungsträgern für arbeitslose Jugendliche oder mit Werkstätten im Strafvollzug. Es ist merkwürdig, man spürt, wie auf diese Weise Welt in die Schule kommt.

Kunst steht auf den Fenstersimsen. Denn Theater, Kunst und auch die Wissenschaften, meint Karin Babbe, die Schulleiterin, seien universelle Sprachen, zumal für Kinder. Man müsse allerdings in der Welt zu Hause sein, um sprechen zu lernen.

Zu Hause sein, willkommen sein, einen Ort haben, sich zugehörig fühlen, das ist die erste universelle Grammatik-

regel fürs Lernen. Es lässt sich dann gar nicht mehr verhindern. Die Schulleiterin ist froh, dass ihre Schüler bei Vergleichsarbeiten 25 bis 30 Prozent über dem Berliner Mittel liegen, obwohl der »Erwartungswert« für diese so genannte Brennpunktschule im Wedding mit 85 Prozent Migrantenkindern weit darunter verläuft.

Ein Erfolgsgeheimnis der Schule ist, neben dem Theater und der Kunst, dass die Lehrer den Eigensinn ihrer Schüler achten. Das äußert sich zum Beispiel darin, wie sie sich von den Kindern immer wieder überraschen lassen. So kam kürzlich ein Schüler der sechsten Klasse (in Berlin geht die Grundschule sechs Jahre) mit großer Sorge zu Karin Babbe. Zwar habe er im Zeugnis eine Empfehlung für das Gymnasium stehen, aber er wolle doch lieber zur Realschule. »Warum denn das?« fragte die Schulleiterin. »Na, ich kann zwar schon völlig grammatikfrei Sätze sprechen, aber schriftlich mache ich noch viele Fehler. Karin Babbe ist begeistert von dieser Fehlleistung: »Grammatikfrei sprechen«, ist das nicht eine wunderbare Erfindung?

Ja, die Grammatik stimmt, wenn man sich ihrer gar nicht mehr bewusst ist. So wie man Raum und Zeit nicht wahrnimmt, wenn man ganz da und hellwach in der Welt ist.

Theater ist ein Hauptfach an dieser Schule. Dabei lernen die Kinder auf eine Weise Deutsch, wie es kein Unterricht mit zusätzlichen Grammatiklektionen fertig brächte. Sie lernen es schreiend und flüsternd, eingebettet in Bewegungen. Sie tauchen in die Sprache ein.

Theater in der Schule hielt man ja bisher eher für eine Art Kunst am Bau, schön und überflüssig, fernab der harten Währung, in der die kognitiven Leistungen abgerechnet werden. Tatsächlich mobilisiert Theater die Intelligenz der Gefühle und des ganzen Körpers. Nehmen wir die famose Helene-Lange-Schule in Wiesbaden. Sie fuhr die allerbesten Pisa-Ergebnisse ein, obwohl oder besser gesagt, weil dort ein Drittel des herkömmlichen Fachunterrichts zu Gunsten großer Projekte aufgegeben wurde. Das größte der vielen großen Projekte ist das Theater. Bis zu sechs Wochen nichts als Theater in der achten Klasse, jeder andere Unterricht fällt dann aus.

Oder nehmen wir den phänomenalen Erfolg des dreiwöchigen Sommercamps in Bremen, wo Schüler in der Kombination von Unterricht, Theater und Freizeit in dieser kurzen Zeit einen Fortschritt in ihrer Sprachkompetenz gemacht haben, für den sie im Unterricht mehr als ein Jahr benötigen. Das Max-Planck-Institut für Bildungsforschung fand das heraus. Worin besteht die Wirksamkeit dieser großen Inszenierungen gegenüber jenem Unterricht, bei dem die Kinder und Jugendlichen schon ein paar Monate später nicht mehr wissen, was sie eigentlich gelernt haben?

Was also ist die Geheimgrammatik des Lernens? Den Raum so kultivieren wie es die Erika-Mann-Schule vormacht und die Zeit dadurch vermehren, dass die Dinge wichtig werden.

Ein Paradox von Rousseau hilft weiter. Er meinte, dass man Zeit gewinnt, indem man sie verliert. Das kennt eigentlich jeder, diese gedehnten Augenblicke, wenn man ganz bei sich und bei den Dingen ist. Kinder sind Großmeister in diesem unglaublichen Ernst, dem heiteren Spiel.

Pädagogik ist eben eine unglaublich indirekte Angelegenheit. Je direkter man Ziele anstrebt, desto größer die Wahrscheinlichkeit sie zu verfehlen. Wirklich, fragen sich die zweifelnden Leser?

Denken Sie bitte über folgende Ergebnisse einer Studie über Studenten in Deutschland nach, die im Durchschnitt so um die 16 Jahre sehr zielgerichteten Lernens hinter sich haben. Und in der Pisa-Schule und in den modularisierten Studiengängen wurden Unterricht und Seminare ja immer zielgerichteter. Die Studie der Universität Konstanz im Auftrag des Bundesbildungsministeriums beschreibt die Studierenden als so »labil und teilnahmslos« wie nie zuvor. Danach interessieren sich nur noch 37 Prozent der Studenten für Politik. 1983 seien es noch 54 Prozent gewesen. Studienleiter Tino Bargel sagte: »Studenten haben den Eindruck, als könnten sie weder ihre berufliche Karriere noch politische Entscheidungen wirklich beeinflussen.« Was bislang nur für Jugendliche ohne berufliche Qualifikation gegolten habe, treffe nun »auf mehr und mehr Studierende zu.« Deswegen zögen sich immer mehr Studenten ins Private zurück.